ISBN: 9781313885003

Published by:
HardPress Publishing
8345 NW 66TH ST #2561
MIAMI FL 33166-2626

Email: info@hardpress.net
Web: http://www.hardpress.net

DATE DUE

THE SHIP OF FOOLS.

VOL. II.

THE SHIP OF FOOLS

TRANSLATED BY

ALEXANDER BARCLAY

VOLUME SECOND

EDINBURGH: WILLIAM PATERSON
LONDON: HENRY SOTHERAN & CO.
MDCCCLXXIV.

TABULA

[VOLUME II.]

Of the yre immoderate, the wrath and great lewdnes of wymen.

For wrathfull men I purposyd to ordayne
A slowe Asse theyr hastynes to asswage
But nowe must they forgo that beste agayne
For wymen clayme the same by theyr great rage
Theyr furour passyth, in dede and in langage
All men in erth : none may with them compare
He is well happy whiche may of them be ware.

My balade bare of frute and eloqueuce
And I also with all my herte and mynde
Wolde wymen lawde and prayse with reuerence
And namely suche as ar founde true and kynde
But of that sort, but fewe a man shall fynde
So the yll cause, and theyr nature cruell
To say the trouth doth me constrayne and bynde
And of theyr vyces somwhat brefely to tell

I haue longe louyd, loue nowe, and euer shall
Them to commende that in vertue haue delyte
And that ar good and chaste namely of all
But bad, that full of wrath ar, and despyte
It is conuenyent of theyr madnes to wryte
And theyr condycions repreue without all drede
So am I bolder and redyer to endyte
For no wyse woman shall these rebukes rede

The mother of Graccus.   Cornelia prudent
Chaste and discrete, and of beauty souerayne
Shall nat my Balade rede : for intent
Was euer in vertue, hir honour to mentayne
No godly woman, that doth from synne refrayne
Shall I dysprayse but rather them defende
Therfore in my wordes I shall boldly and playne
Lawde iust and good, and the yll discommende

She that hath bene brought vp in honestye
Fedynge hir mynde with wysdome and prudence
And kept hir gode name in youth by chastyte
The fere of God alway in hir presence

Suche ren nat lyghtly to vyle synne and offence
And doth no thynge, but gode and commendable
O that suche one is worthy reuerence
Better than all golde, than ryches more lawdable

A woman iust and to goodnes inclyned
If wrath and yre hir husbonde do inflame
With hir good counsell shall mytigate his mynde
And peas his wrath, an example of the same
We haue by kynge Assuerus by name
Whiche commaundyd all the hebreans to be slayne
But his Quene hester worthy of dede and fame
With hir fayre wordes apeasyd hym agayne

The kynge Dauyd despysed by Naball
That wronge purposyd to punysshe hastely
Yet was he apaysyd by a woman lyberall
Abygayll by name, whiche very womanly
Causyd hym that yre to temper by and by
His hande withdrawynge, and swerde of punysshment
So good wymen counsell well and rightwysely
But yll gyue counsell after the worst intent

Salomon the wyse infect with the foly
Of wymens counsell and blynde aduysement
To his great hurte fell to Idolatry
Renounsynge the seruyce of god omnypotent
Of womans tunge : who can the malyce stent
Forsoth no man : for all theyr felycyte
Is set in spekynge of wordes imprudent
For in theyr tunge is all theyr cruelte

Of the wrath and great lewdnes of wymen.

Theyr cruell tunge is sharper than a dart
Therwith they labour to brynge men to yll name
And with the same they stryke some to the herte
With thoughtfull wounde, no thynge can hele the same
They neuer haue done, and yet haue they no shame
Without occasyon to chyde with noyse and cry
In cruell wordes is all theyr myrth and game
Sawynge theyr sede of chatrynge lyke the pye

O god aboue : o kynge moste glorious
Of heuen and erth the whiche hast rauysshyd hell
Delyuer vs from the tungys venemous
Of frowarde wymen, cursyd and cruell
For a thousande mo myscheuys than man can tell
Procede of theyr mad and disordred langage
One woman chydynge makyth gretter yell
Than sholde an hundreth pyes in one cage

The pore husbonde with some is so bested
That he no rest hath one houre of the day
Nor in the nyght whan he is in his bed
There she hym techyth a brawlynge crede to say
And if he there ought vnto hir denay
She gronyth grutchynge, with hir complayntis styll
Ye foure dayes after let hym do what he may
He shall hir nat asswage tyll she hath chid hir fyll

Thus is hir chydynge to this pore man great wo
Moreouer in woman is gyle and sotyltye
And secrete malyce whiche none can take hir fro
And for that she wolde fayne commendyd be

She hym commaundeth as moche more wyse than he
In hir owne conceyt despysynge his doctryne
And if hir husbonde to any thynge agre
By no maner mean wyll she therto inclyne

She wyll that no thynge be perfourmyd of his wyll
All must be rulyd after hir folysshe mynde
And that in thynges, wherin she hath no skyll.
So oft the husbonde fawtles great hurte doth fynde
And also lossys whiche his herte sharply bynde
By the lewde dedys and langage of his wyfe
And though a womans wordes be but wynde
Yet of them growe bothe : murder losse and stryfe

Right so Amphyon of Thebes myghty kynge
For the offences : and selfe wyll of his wyfe
Bycause he dyd hir wyll in euery thynge
For his owne foly at laste he lost his lyfe
Wordes amonge wymen is comon and ryfe
And fere of shame, from many gone is quyte
So one Calphurnia in a case playntyfe
Hir bare tayle shewyd to the iuge in despyte

But for to speke of womans wrath and yre
No beste in erthe to wrath is so inclynde
As she : hir wrath in hete passyth hote fyre
No tunge can tell the rancour of hir mynde
This wrath in woman is rotyd so by kynde
That if she be onys set in hir madnesse
She passyth all the cruell bestis of Inde
The bere the wolf fell lyon, and the lyones.

6 *Of the wrath and great lewdnes of wymen.*

The cruell Tyger to woman is nat lyke
Whiche whan hir whelpis from hir den taken be
Rangyth about in furour them to seke
For madnes gnawynge and terynge stocke and tre
A wrathfull woman is yet more mad than she
Cruell Medea doth us example shewe
Of womans furour great wrath and cruelte
Whiche hir owne children dyd all to pecis hewe

Progne also may be to vs example
Whiche sode hir owne childe after she had hym slayne
The story in Ouyde is wryten longe and ample
But if Juuenall had nat wryten playne
Of wymen the wrath, theyr cruelte and trayne
The same shulde nowe haue wryten ben by me
But foly it is to wryte the same agayne. :
Therfore I leue it for cause of breuyte

The herte of woman is ay deuysynge scornys
Disceyt and cautele falshode lesynge and gyle
It is more sharpe than knyfe, pryckynge as thornes
If she be pacient : it lastyth but a whyle
Hir stomacke swellyth by bytter gall and vyle
Hir body full of rancour and madnes
But where she settyth, man by worde to reuyle
From hir stynkynge mouth commyth all vnhappynes

No maner vyce shall she vntouchyd leue
She troubleth maners of men that ar lawdable
And of theyr gode name doth falsly them bereue
She troublyth right and peas most profytable

Brakynge hir fayth by synne abhomynable
The bed defylynge, Dean can nat withdrawe
Them from that vyse theyr mynde is so vnstable
They take theyr pleasour in synne agaynst the lawe

She that hir mynde doth to this vyce subdue
Gyuynge hir body to this mysgouernaunce
To husbonde, nor to none other man is true
Yet kepeth she a solem countenaunce
As none were lyke hir in Englonde nor in Fraunce
In all vertues, and knowynge nought of syn
But if that she were well sought she is perchaunce
A wolfe or gote within a Lammys skyn

A woman is lyke a clyster laxatyf
In mannys purs voydynge that is within
If man shulde euer be rulyd by his wyfe
Hir proude aparayle sholde make his thryst full thyn
As well can some spende as theyr good man can wyn
And moche faster, but if that coyne do fayle
She labowryth nat to get it without syn
But craftely to forge it with hir tayle

I fynde in the worlde that there be thynges thre
Right harde to knowe, the fourth that no man may
Knowe nor perceyue, first, whan a byrde doth fle
Alonge in the ayre : no man can spye hir way
The way of a Shyp in the se thoughe it be day
Harde is to se whiche way the shyp hath gone
The thirde harde thynge as I have oft heard say
Is the way of a serpent ouer a stone

But the fourth way that of all hardest is
Of yonge man is, in youthes lustynes
A vycyous womans way is lyke to this
Whiche after hir synne and great vnhappyness
Fedyth hir with mete of blynde delyciousnes
Than wypyth hir mouth and sayth in audyence
With mynde assured and past all shamefastnes
I haue nat commyttyd yll, synne nor any offence

Thre other thynges on erth I fynde certayne
Whiche troubleth the grounde and also the see
The fourth nouther see nor londe may well sustayne
The firste is a churle that hath a bonde man be
And so by fortune come vnto hye degre
The seconde is a fole whan he is dronke and full.
The thirde a wrathfull woman, full of cruelte
He that hir weddyth, hath a crowe to pull

Yet is the fourth wors and more eleuate
That is a hande mayde lowe of hir lynage
Promotyd from a begger and so come to estate
Succedynge hir lady as heyr in herytage
Of suche procedeth moche malyce and outrage
Disdayne great scorne, vilany and debate
For the frenche man, sayth in his langage
No thynge is wors than a churle made a state

I wolde fayne cesse of womans gyle and treason
And theyr great falshode whiche none can well defende
I nought wyll speke, howe some by mortall poyson
Theyr husbondes brynge to sodayne deth and ende

Examples habunde : who lyst therto intende
Of Agrippina, and Poncia wode of mynde
Whiche on theyr husbondes dyd mortall hande extende
Of many suche we may in wrytynge fynde

What shall I wryte the cursyd cruelte
Of the susters of Danaides echone
Fyfty in nomber, whiche by iniquyte
Slewe all their husbondes reseruyd one alone
O chast lucres, alas where art thou gone
From theyr presence all wymen ner, the chace
Thou art belouyd, nowe almost of none
And bawdy tays hath nowe thy rowme and place

Fals Clytymnestra cruell of hir dede
May trouble the hertis of all men on the grounde
And cause them of other suche to take hede
Whose manyfolde malyce doth mynde of man confounde
The prudent Porcia to fewe men nowe is bounde
Or associat by the way of mariage
This Porcia kept hir body chast and sounde
Trewe to hir husbonde Cato the great sage

The Chast Sabyn is nat weddyd nowe a dayes
To many men : as she was wont to be
I meane that fewe inclyne, nowe to hir wayes
Wherfore I say that well happy is he
That hath a woman kepynge hir honeste
Pacient of mynde, in suche is great confort
She is a Jewell that louyth chastyte
It is pyte that so fewe, be of that sort

Ye gentyll wymen, and other great and small
Be nat displeasyd with these true cours sentences
For certaynly I haue nat wryten all
The vyce of wymen theyr synnes nor offences
If I had red all the lyberall sciences
And all my lyfe shulde there about intende
Yet coude I neuer wryte all inconuenyences
By wymen done, nor theyr malyce comprehende

But whyle I lyue the good shall I commende
And them exalt at euery tyme and season
I may haue leyser ynoughe therto tyntende
Syns of them is no plenty but great geason
But suche folys as ar voyde of all reason
And shame to all wymen by theyr mysgouernaunce
As powlynge yre disceyte sclaunder and treason
Them shall I blame with wrathfull countenaunce

THENUOY OF BARCLAY THE TRANSLATOUR.

Ye wrathfull wymen by vyce lesynge your name
Correct your selfe, and labour ye with payne
In your lyuynge for to deserue no blame
Assay with mekenes to get your name agayne
By that mean may ye, all your wyll obtayne
Let chastyte you gyde and pacience
For to be frowarde, (it is a thynge in vayne
Vnto hym to whom ye owe obedyence

The lawe commaundyth you to do reuerence
Vnto your spousys with honour and mekenesse

And nat displease hym by your wylfull offence
As hasty langage disceyte and vnkyndnes
If ye lyue well than shall God sende riches
To you in erth, with welth and ioy mundayne
And if ye fortune to fall in to lewdnes
These great gyftis shall ye iustly lese agayne

Of the great myght and power of Folys.

Blynde foly hath hir tentis abrode displayde
In euery place, from them no felde is fre.
With hir madnes, the worlde is hole dismayde
She hath all men in hir captyuyte
But namely suche as ar of moste degre
Of most riches power lynage and myght
Vnder hir standard submyt them selfe to fyght

Thou folysshe man trustynge in thy ryches
Therby contendynge to haue preemynence
Howe be it that thou art gyuen to viciousnes
And none so bolde to shewe the thy offence
The more thou errest in thy blynde negligence
For if that thou be hye of rowme and name
If thou offende the more shall be thy shame

Thoughe all thy wordes be full of folysshenes
And all thy dedys to no good ende do come
Yet wylt thou be reputyd in ryches
Bebefore all other and also in wysdome
O howe oft tymes (of these folys) wyll some
Commende them self and lawde their glorious name
Whan they se that none other wyll do the same

These folys them boste of dedys of valyaunce
And worthy actis done by them in batayle
Howe be it that lawde wherby man doth auaunce
Hym self by his owne mouth is of but small auayle
And vyle before men of wysdome and counsayle
But suche fowlys that of eche hatyd be
Them self may commende by gode auctoryte.

These Folys say that londe is fortunate
Whiche is gouernyd, by ryche Prynce or kynge
But better is that londe whiche longyth to a state
Whiche is induyd with wysdome and cunnynge
Workynge by counsell in euery maner thynge
For who that rayneth in wysdome and vertue
The great Vlixes shall scantly hym subdue

A wyse Prynce gydeth hymselfe by reason
And his Realme by Justyce and equyte
Ordeynynge eche thynge, accordynge to the season
Nowe with rygour : and oft by benygnyte.
Nat beynge parcyall to hye nor lowe degre
No coyne nor brybe can change or turne his mynde
But so he iugeth as lawe and right doth bynde

Suche louyth vertue, next god omnypotent
And grace hym gydeth with godly chastyte
Wherby his Realme becommyth excellent
His londe increasynge in great prosperyte
His counsell discrete and full of grauyte
Graciously gydeth the subiectis on his grounde
And so departynge this Prynce in heuyn is crownde

Well is that londe and ioyous may it be
Whiche is defendyd by suche a noble estate
But wo be that londe, whose crowne of royalte
Is gyuen to a childe, whose counsell drynketh late
Gyuen to the wombe, to Ryot and debate
Suche frowarde counsell shall blynde his innocence
And cause hym decay from his hye excellence

A fole promotyd to riches and renowne
Syttynge in his stage or chayre of rowme royall
Blyndeth iustyce tournynge the lawes vp set downe
By vyle rewardes and gyftis temporall
Another by fauour, letteth true iustyce fall
Damnynge innocence by fals iniquyte
Thus falsly ouerthrowen is iust symplycyte

Of the great myght and power of folys.

Justyce ought be wayed in an euyn balance
By egall mesure, all fauour set a syde
Nat rygorously for wrath or displeasaunce
The fere of god ought a iuges mynde to gyde
But moche I fere lyst the fals sede abyde
In erthe yet : of them whiche by fals polecy
Vnto deth iuged Susanna wrongfully

And of Andronicus whiche hath Onias slayne
Thoughe both be dede, the sede of them abyde
Wherof fals traytours begyn to growe agayne
Infectynge falsly the worlde on euery side
Maystershyp, and money euery thynge doth gyde
Bynadab by gyftis hath broke his othe alas
Tryphon by the same disceyued Jonathas

In hope of brybes men of great dignyte
Blyndyth the lawes, and some doth oft betray
Theyr kynge and countrey sellynge theyr honeste
Example of Jugurtha whiche oft by Rome dyd say
Whyle he frome it departyd on a day
O Rome Rome, who that had store of golde
By thy owne gyders, thou falsly sholde be solde

Trust me (on grounde, no maner man we fynde
Of so great wrath malyce nor rancoure
But the holy Crosse shall mytygate his mynde
All men doth it great worshyp and honour
Money ouer man is like a conquerour
No herte so stronge whiche it doth nat ouercome
It is preferred both vertue and wysdome

Whan mony labours it leuyth nought vndone
It all ouercomyth with hye and lowe degre
And shortly to speke for a conclusyon
It thousandes blyndeth of men of dignyte
With dyuers folyes, whiche they themself nat se
Thus doth the nomber of Folys rayne so wyde
Ouer all the worlde : that no man can them gyde.

THENUOY OF BARCLAY THE TRANSLATOUR.

O noble prynces, in worshyp decorate
Infix your myndes to vertue and prudence
Remember it is more dishonour to a state
Than to a sympyll man to fall to vyle offence
And where as of God ye haue preemynence
Aboue lowe people, labour with full intent
To pass them in vertue, and so with dylygence
Lerne to lyue by the rede Rose redolent

Though that we Brytons be fully separate
From all the worlde as is sene by euydence
Wallyd with the se, and longe ben in debate
By insurreccion yet God hath made defence
By his prouysion ordeyned us a prynce.
In all vertues most noble and excellent
This prynce is Harry clene of conscience
Smellynge as the Rose ay freshe and redolent

Drawe nere ye Prynces of myndes eleuate
Meknes may ye lerne beynge in his presence
And godly wysdome as hath apered late
In dyuers dedys done, by his excellence

Subduynge without blode great inconuenyence
Punysshynge the proude, louynge the innocent
Wherfore to his dedys gyue your aduertence
Folowynge the smell of the Rose redolent

By his reygne is all Englonde lawreat
With godly peas nat nedynge great defence
Murdred is Mars, and with woundes sawciate
The bondys of peas hath dryuen the tyrant hens
Banysshed is batayle by his magnyficence
And peas confermyd by god omnypotent
The blynde Venus chefe grounde of neglygence
Is exyled from the rede Rose redolent

In hym is iustyce with petye sociate
Vpon the poor he spareth no expence
Nor on the Churche after lyke maner rate
Promotynge men of wysdome and science
Seruynge his maker with loue and reuerence
Wherfore O englonde be true of thy intent
With faythfull herte do hym obedyence
Thanke god whiche hath the Rose vnto the sent

Of the vayne cure of Astronomy.

He is forsoth of purpose vayne and blynde
Of mynde mysbeleuynge and without aduysement
Whiche stedfastly thynkyth in his mynde
To knowe thynges to come playne and euydent
Onely by the sterrys of the fyrmament
Yet churlys voyde of cunnynge and wysdome
Ar nowe a dayes Astronomyers become

Here call we to our folysshe company
Suche folys as labour and stody with great payne
-To iuge the planetis, by theyr Astronomy
And other craftis without profyte and vayne
Come hyther Astronomyers haue ye no disdayne
Ye planetystis and wytches, and other of this sort
Whiche honour the sterres onely : as your confort

Suche iuge the dedys of men both more and les
Expoundynge the sterres by theyr vayne iugement
They labour wenynge by theyr folysshnes
To knowe the secrete of god omnypotent
On this vayne stody so set is theyr intent
That what so euer they in the sterres se
Without all dout they thynke the same shall be

On the sterrys is all theyr felycyte
And in the planetis ar they full dilygent
And than vtter with great audacyte
All that the same do showe or represent
The preuy workynges of euery element
And secrete causys of other bodyes aboue.
They note to knowe to what effect they moue

Some gase vpon the wandrynge of the mone
Another deuysyth the cours of Phebus clere
Gasynge on the Sonne at mornynge nyght or none
And by other planetis shewyth what doth apere
Howe some of them whan they do gyde the yere
Engendreth plenty pleasour myrth and ioy
And howe some other doth man and beste destroy

Some techyth what thynge sad Saturne doth manace
And what cruell Mars doth note and signifye
Some expoundyth Venus with hir pleasaunt face
Howe she men bryngyth oft tyme to vylany
Another is in hande to trete of Marcury
Howe eche of these planetis doth men predestynate
And howe Jupiter theyr wrath doth mytygate

These folys say that in theyr bokes they fynde
That men borne vnder the constellacion
Of Saturne : to theft and robbynge ar inclynyd
Yet fynde we suche true ofte by probacion
And gode and iust without all decepcion
They say that children of Mars without fayle
Shall be disposyd and full gyuen to Batayle

Yet fynde we often by playne experience
That suche as vnder this planete borne be
Ar nat inclyned after theyr sentence
But gyuen ay to peas and tranquyllyte
Right so by Venus we often tymes se
That though she dispose hir children vnto lust
And bodely pleasour, yet ar they : chast and iust

Thus it aperyth both playne and openly
That it is foly to gyue great confydence
To the vnsure science of Astronomy
Wherfore haue done Just man, note this sentence
A man of wysdome vertue and science
If he the wayes of vyces set asyde
Shall gyde the sterris, and they shall hym nat gyde

Thynke well the sterris and eche elyment
The hole firmament and planetis euerychone
Stande in the handes of god omnypotent
None can them gyde saue this hye lorde alone
Therfore mad man, let thy foly be gone
Wylt thou knowe the secretis of thy creatour .
Leue of thy blyndnes, thy foly and furour ,

Takest thou this labour and charge vpon the
As who sayth god whiche reyneth eternall
Wolde shewe his secretis and godly pryuytye
By sterre or planete to any man mortall
Wherfore it is best me thynke that we leue all
Vnto the iugement and wyll of god aboue
Whiche gydeth all : howe euer the sterris moue

He by his myght hath made the fyrmament
With all the sterres and planetis of the same
Whiche at his wyll ar euer obedyent
And he them rulyth, therfore what hurt or shame
What mysfortune aduersyte or blame
Can all the planetis to man or childe pretende
If god moste glorious by his myght vs defende

Thus is it foly, voyde labour and vanyte
To gyue great credence vnto Astronomy
It is great Foly also in certaynte
To trust vnto fortune, to byrth or desteny
A vertuouse lyuer may all the same defye
Lyue well and than trust surely to goddes grace
The sterris ne fortune shall in the haue no place.

Thenuoy of Barklay.

Leue of your foly, whiche labour this science
And let this your clokyd errour be refusyd
Vnto the sterris gyue nat to great credence
For many one therby hath ben abusyd.
And many one haue stodyed sore and musyd
To wryte Pronosticacions, whiche haue be founde
Of none effect, and than falsly excusyd
For suche shewe before after as they ar bounde.

Of the folysshe descripcion and inquisicion of dyuers contrees and regyons.

Who that is besy to mesure and compace
The heuyn and erth and all the worlde large
Describynge the clymatis and folke of euery place
He is a fole and hath a greuous charge
Without auauntage, wherfore let hym discharge
Hym selfe, of that fole whiche in his necke doth syt
About suche folyes dullynge his mynde and wyt.

That fole, of wysdome and reason doth fayle
And also discression labowrynge for nought.
And in this shyp shall helpe to drawe the sayle
Which day and nyght infixeth all his thought
To haue the hole worlde within his body brought
Mesnrynge the costes of euery royalme and lande
And clymatis, with his compace, in his hande

He coueytyth to knowe, and compryse in his mynde
Euery regyon and euery sundry place
Whiche ar nat knowen to any of mankynde
And neuer shall be without a specyall grace
Yet suche folys take pleasour and solace
The length and brede of the worlde to mesure
In vayle besynes, takynge great charge and cure

They set great stody labour and besynes
To knowe the people that in the east abyde
And by and by theyr mesures after dres
To knowe what folke the west and north part gyde
And who the sowth, thus all the worlde wyde
By these folys is meated by ieometry
Yet knowe they scant theyr owne vnwyse body

Another labours to knowe the nacions wylde
Inhabytynge the worlde in the North plage and syde
Metynge by mesure, countrees both fyers and mylde
Vnder euery planete, where men sayle go or ryde
And so this fole castyth his wyt so wyde
To knowe eche londe vnder the fyrmament
That therabout in vayne his tyme is spent

Than with his compace drawyth he about
Europe, and Asye, to knowe howe they stande
And of theyr regyons nat to be in dout
Another with Grece and Cesyll is in honde
With Apuly, Afryke and the newe fonde londe
With Numydy and, where the Moryans do dwell
And other londes whose namys none can tell

He mesureth Athlant, calpe, and cappadoce
The see of Hercules garnado and Spayne
The yles there aboute shewynge all in groce
Throwynge his mesure to Fraunce and to Brytayne
The more and lesse, to Flaundres and almayne
There is no yle so lytell that hath name
But that these Folys in hande ar with the same

And regyons that ar compasyd with the se
They besely labour to knowe and vnderstande
And by what cause, nature or propertye
These doth flowe, nat ouercouerynge the londe
So he descrybyth his cercle in his honde
The hole worlde : leuynge no thynge behynde
As in the Doctrynes of Strabo he doth fynde

Whiche wrote in bokes makynge declaracion
Somtyme hym groundynge vpon auctoryte
Howe eche Royalme and londe had sytuacion
Some in brode feldes some closyd with the see
But ye geometryans that of this purpose be
Ye ar but folys to take suche cure and payne
Aboute a thynge whiche is fruteles and vayne

It passyth your reason the hole worlde to discus
And knowe euery londe and countrey of the grounde
For though that the noble actour plinius
The same purposyd, yet fawty is he founde
And in Tholomeus great errours doth habounde
Thoughe he by auctoryte makyth mencyon
Of the descripcion of euery regyon

Syns these actours so excellent of name
Hath bokes composyd of this facultye
And neuer coude parfytely perfourme the same
Forsoth it is great foly vnto the
To labour about suche folysshe vanyte
It is a furour also one to take payne
In suche thynges as prouyd ar vncertayne

For nowe of late hath large londe and grounde
Ben founde by maryners and crafty gouernours
The whiche londes were neuer knowen nor founde
Byfore our tyme by our predecessours
And here after shall by our successours
Parchaunce mo be founde, wherin men dwell
Of whome we neuer before this same harde tell

Ferdynandus that late was kynge of spayne
Of londe and people hath founde plenty and store
Of whome the bydynge to vs was vncertayne
No christen man of them harde tell before
Thus is it foly to tende vnto the lore
And vnsure science of vayne geometry
Syns none can knowe all the worlde perfytely

THENUOY OF BARKLAY.

Ye people that labour the worlde to mesure
Therby to knowe the regyons of the same
Knowe firste your self, that knowledge is moste sure
For certaynly it is rebuke and shame
For man to labour.   onely for a name
To knowe the compasse of all the worlde wyde
Nat knowynge hym selfe, nor howe he sholde hym gyde

Of hym that wyll nat se his owne folysshe-
nes: and that stryueth agaynst his
strenger.

The folysshe Marcia dyd with Apollo stryue
But he ouercome : loste sone the victory.
And for his foly was fleyd beinge alyue
For that he comparyd to ioyous Armony.
His foulysshe Bagpype voyde of al melody.
Yet kept he stylle his Bagpype in his honde :
Nat willynge his foly to knowe nor vnderstonde.

Ouer al the worlde eche folysshe Creature.
If he by his foly, or neglygence offende.
Hath suche condicion within hym by nature
That to mennys mockes nought wyl he intende.
Nor knowlege his foly, nor stody hym to amende.
But as one obstynate, continue in his synne.
O folysshe Marcia : for this thou lost thy skynne.

This folysshe Marcia with Phebus dyd contende.
Comparynge with hym in songe of Armony
But for that Marcia cowde nat his part defende
He fleaed was alyue moche pyteously.
To whose example we se that comonly
Many mad brayned and blynde Foles ar alyue
Which voyde of reason, with prudent men dar stryue.

And euery fole that is voyde of dyscressyon
At al tymes thynketh hymself wyse and prudent.
Though he be destytute of wysedom and of reason.
Suche ar so blynde that they can nat aduyse.
Howe men by mockes and scornes them despyce.
Lawghinge to derision theyr maners and lewde dede.
Yet se they nat the foles erys vpon theyr hede.

Thys fole thus lawghed to scorne and derision
Taketh al in sporte lawhinge with them also.
Nat thynkynge hym contemned for his mad condicion,
Lewde, and disordred. but where so euer he go
He best is content with them that so wyl do.
He loueth to be flatered and clawed by the sleue
That thynge that he wolde here : he gladly doth beleue.

Who that hym prayseth in scorne and in mockage.
And in derision doth magnyfy his name
Anone he enclyneth vnto that lewde langage :
Auaunsinge hymselfe and presumynge on the same
Stryuynge with his better to his rebuke and shame.
So hangith on his shulders hys pype contynually
Wherby men may his lewdnes notefy.

If suche a fole haue patrymony and londe
Or in his Coffres great treasour and riches
He shall haue frendes and felawys at honde
To egge hym forwarde vnto vnhappynes
And sawynge in hym sede of moche vnthryftynes
And than to spoyle hym : and leue hym pore and bare
Wherby he after must lyue in payne and care

Wastfull youth oft spendeth, all his hole substaunce
On suche Felawys folowynge alway theyr mynde
Rennynge hedely to vngracious gouernaunce
But whan of his good no more is left behynde
And he theyr falshode and preuy gyle doth fynde
He than auysyth hym of his olde estate
Begynnynge to spare, but than it is to late

So whan he by them is brought to pouertye
Hauynge no thynge his bodye to sustayne
Than all his frendes away fast from hym fle
As trayters vntrue leuynge the Fole in payne
Than cryeth he on god, and sore doth hym complayne
With wofull wordes, mournynge with herte full faynt
And than forthynkyth : but late is his complaynt

But who that in his costes is so ryfe
That he that spendyth within a yere or twayne
Whiche were ynoughe the dayes of his lyfe
With honest rule his body to mayntayne
He is a fole spendynge his good in vayne
But they on whome he so his good doth spende
Shall more to his money, than to his loue intende

Wherof precedyth pouerty and contempt
Scorne and derisyon nede and aduersyte
And from all honour these folys ar exempt
That thus wast theyr good in prodygalyte
For who that is of small power and degre
And with his betters wyll in expence stryue
Without all dout that Fole shall neuer thryue

And also folys that stryueth in the lawe
Agaynst an estate them passynge in ryches
Shall theyr owne flesshe vnto the bonys gnawe
Or he that is voyde of reason and wytles
And dare presume by his presumptuousnes
Agaynst a man of hye wysdome and lore
He shall byde a fole, euen as he was before.

Ye folys voyde of wysdome and scyence
That wyll presume with cunnynge men to stryue
And ye feble Folys that by your insolence
Thynke you more stronge than any man a lyue
And ye pore Folys whiche labour to contryue
Mean to ouercome suche as better ar than ye
I you ensure that ye shalt neuer thryue
But outher be brought to shame or pouerte

And thou that art a courter or a knaue
Or a bonde chorle, and all thy hole lynage
Thynke well thou shalt but small profyte haue
To stryue with thy mayster come of hye parage
I fynde it moste for mannys auauntage
Within his bondes his body to preserue
And nat in riches, strength wysdome nor langage
To stryue agaynst the streme, lyst he in swymmynge sterue

Of folys that vnderstonde nat game and can no thynge take in sport, and yet intermyt them with Folys.

Who that with Folys or children wyll play
Or meddyll with suche as wyt and reason want
He ought them to suffer folowynge theyr way
And them endure, as for that small instant
Lyst for his maners mad and ignorant
I call hym hyther to gyde the helme and sayle
If the shyp brake, the les is his auayle

That man shall one be of our folysshe sort
Whiche without wysdome and aduysement
Wyll besely with folys and children sport
And can nat them indure with meke intent
And mad he is that wyll in mynde assent
To haue ado or accompany with boyes
And can nat suffer theyr folysshnes and toyes

He is a Fole also, that hath great game
Whan childe or dronkard blamyth one absent
If he can nat also indure the same
And quenche madnes with wordes pacyent
For without dout who that wyll be present
And conuersaunt with caytyfs in theyr bourdes
Or els with children, must suffer theyr lewde wordes

Yet some ar besy on euery man to rayle
With voyde wordes, and talys mad and vayne
With scornes and mockes behynde eche mannys tayle
And yet disdayneth to abyde the same agayne
Theyr madnes doth theyr myndes so constrayne
That with euery Fole they gladly haue to do
And can nat suffer what doth belonge therto

He that wyll labour a beast to hunt or chace
With his pleasour must take payne and besynes
Folowynge the same about from place to place
His lynes, colers, and lesshes he must dres
And often also abyde, full great hardnes
So he that wyll by yll worde man ouerturne
Must holde hym sure, lyst he vnwarly spurne

One worde in sporte spokyn, another lyke requyrys
Rayle with a Fole, or childe that can nat gyde
Hym selfe by reason, thy sportis lyke, desyres
He is a fole whiche can it nat abyde
For lyke wyll haue lyke, if thou be by the syde
Or in the company of Fole or innocent
To suffer theyr foly thou moste be pacyent

A fole hastely rendreth yll for yll
And oft for good, and loue most profytable
They render hatered malyce and yll wyll
Whiche is a thynge wronge and intollerable
Yet this nature in folys abydeth stable
That seldome or neuer, they goodnes pay agayne
They other scorne, of scornys hauynge disdayne

With suche Folys none wyse ought intermyt
But coueyt amonge wyse men to be conuersaunt
And so they do, but Folys voyde of wyt
Takyth theyr rowme amonge other ignoraunt
The company of folys to folys is pleasaunt
For it is a prouerbe, and an olde sayd sawe
That in euery place lyke to lyke wyll drawe

A precious stone wrappyd in myre and fen
Lesyth his colour and semyth nat of pryce
Right so one good, amonge vnthrifty men
Distayneth his name, with theyr yll name and vyce
And doth to hym selfe great wronge and preiudice
For eche man is reputyd of the same sort
As is the company wherto he doth resort

Wherfore me thynke it best, for euery creature
To auoyde the bandes and mad enormyte
Of suche Folys whiche can no man endure
By theyr blynde pryde and desyre of dignyte
They coueyt to gouerne both hye and lowe degre
No dolour troubleth a Folys mynde so sore
As whan a man of reason is set hym before

If twenty men be in one company
Som of hye byrth, some wyse, some lyberall
If one fole be amonge them certaynly
He thynkes hym selfe moche wyser than they all
Thus shortly to speke, a folysshe man rurall
If he a churle, a fole and vnthrift be
The more he lokyth to come to hye degre

Suche folys promotyd haue no pacience
To suffer theyr folawes, so hye set is theyr mynde
And to theyr betters they haue no reuerence
They can nat them endure, they ar so blynde
So by experience as we often fynde
A fole thoughe he neyther haue wysdome nor cunnynge
Yet thynketh hym selfe aboue all worldly thynge

Hereof the Bybyll examples doth expres
Howe the fals Aman (howe beit he was vnwyse)
Had dyuers statis of wysdome and riches
To hym obeynge, and yet dyd them despyse
But for that Mardocheus wolde nat ryse
Out of his place to do to hym honour
His mynde was fyllyd with malyce and dolour

In so moche that he wolde haue had hym slayne
For this small faut, but god gaue remedy
To mardocheus for to escape his trayne
And so fals Aman his treason dyd abye
And hanged was, for Mardocheus worthely
And that before Mardocheus face and iyene
By the persuasion of Hester noble quene

But of this proces to drawe vnto conclusyon
What man that intendeth for to lyue quyetly
And wyse to be callyd without abusion
Let hym auoyde mad and folysshe company
But if he nedys wyll vnto suche aply
Let hym mekely endure theyr game and sport
Els shall he be one of this my folysshe sort.

Thenuoy of Barklay.

O wyse man thou ought lewde company auoyde
For it is dayly prouyd by experyence
That with a thyngé corrupt, a sounde thynge is distroyed
Right so good men oft fall in to great offence
And iugyd yll, though they gyde them by prudence
And that for hauntynge of company diffamyd
For thoughe one be gyuen to godly innocence
As is his company right so shall he be namyd.

Of them that wylfully offende nat takynge hede to the ende, and hurtyth euery man nat thynkynge to haue theyr malyce rendryd agayne.

That fole castyth a dart into the ayre
And gasyth after it without aduysement
Of the fallynge downe therof nat beynge ware
Whiche labouryth with dedys and wordes vyolent
To get many foes hurtynge the innocent
And lokyth nat agayne lyke to endure
One yll turne requyreth, another be thou sure

Here touche I folys, and men without counsell
Whiche puttyth many vnto besynes and payne
And them sore greuyth by theyr dedys cruell
Nat thynkynge to be seruyd with the same agayne
That fole forsoth is of a frantyke brayne
Whiche other men wyll hurt rebuke and blame
And wyll nat suffer of them agayne the same

Consyder man, oft tyme within thy mynde
The wronge that thou woldest do to thy neyghbour
Whether thou myght in thy herte paciently fynde
The same to suffer of hym without rancour
Malyce or yll wyll, wrath or displeasour
For thou oughtest nat do to any creature
That thynge whiche thou of hym wolde nat endure

He that wyll other men thurst by violence
In to a sak by extorcion and wronge
Must in lyke maner arme hym with pacyence
And suffer some blowys nowe and than amonge
To one yll turne another doth belonge
He that is besy euery man to displeas
Or to indamage shall neuer lyue in eas

One namyd Peryllus a workman excellent
A bull of bras forgyd by his subtylte
Wherin a Tyrant myght put men to tourment
Deuysynge deth of moste payne and cruelte
But this workman to prone his faculte
Was by that Tyrant put to deth in lyke wyse
As he for other dyd ordayne and deuyse

O vnwyse Fole whome madnes doth abuse
Howe darest thou be so hardy for to do
That to another whiche thy selfe wolde refuse
Of hym to be done, to the, yet some do so
Makynge a pyt to others hurte and wo
Wherin hymselfe is destroyed at the last
And some in theyr owne snarys ar taken fast

So cursyd Aman in lyke wyse dyd ordayne
For Mardocheus a maner of tourment
Wheron he hoped to haue hangyd hym in payne
His lyfe consumynge with suche punysshement
But the ende happened nat after his intent
For at the last Aman hym selfe with care
Was hangyd vp, and that in his owne snare

On wronge and malyce yll wyll and iniury
All moste all men hath nowe set theyr intent
Wherfore let wyse men for them fynde remedy
For thoughe that it be a thynge conuenyent
To trust to other, yet be thou prouydent
Of mannys gyle falshode and sotelte
So mayst thou escape oft tymes, aduersyte

Suche men as put to moche confydence
In other vnknowen, often great domage wyn
Suffrynge losse and hurt by theyr owne neglygence
For whan thou lokest vpon the vtter skyn
Thou knowyst full lytell what trust is within
For oft vnder flowres lurketh the serpent
So paynted wordes hydeth a fals intent

Be nat a gest thou man who euer thou art
To suche as louynge outwarde thou seest apere
Malyciously within, and of enuyous hart
He byddeth the ete and drynke, and make good chere
With loue as farre as thou canst se or here.
But whan suche traytours most swetly on the smyle
Than ar they besyest the falsely to begyle

Vnder fayre wordes pleasaunt and lyberall
And smylynges fals and disceyuable
Suche beryth venym to poyson the withall
Auoyde suche men : thou wyse man and laudable
Theyr dedes ar so fals and so abhomynable
That whan thou gyuyst vnto them moste credence
They shall the brynge to moste inconuenyence

Ye : oft he lawygheth as he were true and gode
Grauntynge thy wordes what euer thynge thou say
Whiche in his mynde : wolde fayne se thy herte blode
And of thy secrete counsell the bewray
Beware of suche men as moche as thou may
For amonge swete herbys oft growyth stynkynge wedes
All flaterynge caytyfs ar nat true in theyr dedes

But whan these caytyfes hath hurt a mannys name
Or done hym in body or goodes preiudice
They thynke he ought nat to render them the same
Thoughe it may be done by lawe and by iustyce
But certaynly who that hym doth exercyce
In doynge other losse, hurt, or greuaunce
Shall lyue a fole and dye by some myschaunce

THENUOY OF BARCLAY THE TRANSLATOUR.

O men malycious fals and iniuryous
Whiche set your myndes fals meanes to deuyse
To hurte your neyghbours by malyce odyous
And thynke nat to be seruyd in lyke wyse
Ye ar abusyd therin I you promyse
For he that here to his neyghbour is cruell
And doth hym in dede or worde, hurt or despyce
Shall outher be rewardyd here, or els in hell.

Of foles without prouysion : that prouyde
nought in the somer to lyue by in the
wynter nor in youth to lyue by in
age.

Who that maketh for hymselfe no purueaunce.
Of fruyt and corne in somer season clere.
Whan of the same is store and habundaunce
Shal after lyue in hunger all the yere
Sowkynge his fyngers lyke as the Bere doth here.
And he that in youth wyl nought for hym prouyde
In age must the paynes of pouertye abyde.

Amonge our Folys I nomber hym for one
Whiche lyueth ydylly and in slewthfulnes
Makynge in the somer no prouysion
To auoyde the wynters, payne and colde hardnes
What man wyll nat curse and disprayse his madnes
Whiche at no tyme wyll for hym self prouyde
Of sustenaunce, in nede hym selfe to gyde

He that begynneth without aduysement
Can nat prouyde that thynge that is to come
Nor scantly that whiche must be done present
Thus ar his dedys done all without wysedome
Of this company yet fynde I other some
Whiche nought wyll saue them self to fynde with all
But all out wastyth, by Ryot prodygall

These folys of theyr myndes ar so blynde
That nought they saue to theyr owne vtylyte
On wyse prouysion they set no thynge theyr mynde
But if they be dryuen by extreme necessyte
As hunger thrist colde, or other aduersyte
So oft whan suche ar vexed with moste nede
The wolde prouyde, but than they can nat spede

A fole of propertye that is neglygent
For thynge to come prouydeth nought atall
But on one daye settyth all his intent
So in that space if any nede do fall
To hym. he shall vpon his neyghbour call
For helpe and socour, and sore to hym complayne
And aske relefe whiche he shall nat obtayne

Whan suche folys haue theyr wombes full
They force no more, ne take no farther thought
Theyr vayne myndes to farther thynges is dull
Saue on that whiche from hande to mouth is brought
But he is wyse, and of reason wantyth nought
Whiche here hym gydeth by vertue and wysdome
And so prouydeth for the tyme to come

Wherby his wyfe, his children and ofsprynke
May without care outher besynes or payne
With honestye haue theyr fode and theyr lyuynge
Without occasion theyr good name to distayne
I count hym wyse that thus doth set his brayne
And in the Somer can make suche purueaunce
Wherby all his may haue theyr sustenaunce

And that in wynter, and the hardest of the yere
But hym I count moche folysshe and vnwyse
And voyde of reason, whiche makyth styll good chere
And by no men wyll the tyme to come aduyse
But folys folowe moste comonly this gyse
To slepe all Somer whan the season is moste clere
And labour in the hardest season of the yere

Suche no thynge labour, ne to no worke intende
But to ydylnes, a vyce yll and damnable
That whiche is gotten vnwysely thus they spende
So that whan wynter comys they ar nat able
To haue one lofe of brede vpon theyr table
Nor other thynge theyr hunger to asswage
An ydell man is worthy suche wage

In wynter he abydeth a lyfe myserable
Whiche in the Somer prouydyd hath no thynge
That to his vse is nede and profytable
Who that in July whyle Phebus is shynynge
About his hay is nat besy labourynge
And other thynges whiche ar for his auayle
Shall in the wynter his negligence bewayle

And who that can nat hym selfe wysely prouyde
Of wode and vytayle and other sustenaunce
Shall in the wynter nat knowe where to abyde
For colde and hunger with other lyke greuaunce
Lerne man of the symple Emet purueaunce
Whiche gathers and puruays euery thynge in season
Shame is to man of beste to lerne reason

For euery thynge god hath a tyme puruayde
And gyuen reason to man hym selfe to gyde
By good prouysion, if that his mynde be layde
Vnto the same, and sleuth to set asyde
But that yonge man that wyll in age abyde
Without prouysion, wherby he myght hym fede
Shall worthely in his age dye for nede

Of that Fole who shall haue compassion
Whiche by his Foly, great slouth and neglygence
Vpon hym selfe intendyth to haue none
But all out wastyth by immoderate expence
So to conclude in brefe and short sentence
That fole hath nat the way hym selfe to gyde
Whiche in due season can nat eche thynge prouyde

THENUOY OF BARCLAY.

O blynde man vnwyse, wastynge and neclygent
Lerne of the Emet to labour craftely
And in thy youth to be so dylygent
Wherby in age, thou lyue mayst easely
For he that wyll nat his mynde therto aply
In youth and Somer to labour without fere
In age and wynter shall lyue in penury
And sowke his clawys for hanger lyke the bere.

Of great stryuers in the lawe for thynges of nought.

He is a fole, whether it be man or wyfe
Whiche hym delyteth in iugement and lawe
And euer contendyth in discorde and in stryfe
In small tryfyls, and scantly worth a strawe
Suche, theyr owne flesshe vnto the bonys gnawe
And labour by theyr sotelty and gyle
To blynde iustyce, and the lawes to defyle.

A cause conuenyent doth me bynde and constrayne
To blame mo Folys : and that in myghty nomber
Whiche I haue suffred tyll this tyme to remayne
To se if they wolde waken from theyr slomber
Suche ar mad Folys whiche other men inconber
With besy pledynge, wherby them selfe ar brought
By longe contynuaunce vnto the poynt of nought

For small occasion for lytell thynge or nought
Vnwyse men stryue deuysynge falshode and gyle
Nowe euery fole hath set his mynde and thought
To seke the extreme of lawe, but though they smyle
At the begynnynge, after within a whyle
Theyr laughynge shall turne to sorowe and damage
And onely the lawyers catchyth the auauntage

Yet ar these folys ioyous in theyr mynde
They norysshe stryfe without ende, them amonge
And some by falshode can crafty meanes fynde
By fals delayes theyr mater to prolonge
Suche Folys drawyth the lawe thus wyse a longe
To that intent that by rightwyse iugement
Transgressours sholde nat haue worthy punysshement

These folys that thus theyr maters doth diffarre
Shall in that space theyr owne goode waste and spende
To that purpose theyr neyghbour also to marre
So ar they both made beggers at the ende
Than must they to some agrement condiscende
Theyr cause and mater discussed neuer the more
O mad Folys so sholde they haue done before

Some suffer them selfe for defaut of aparaunce
To be outlawyd, and other some suspendyd
Out of the Churche for hys mysgouernaunce
And yet nought caryth, therfro to be defendyd
Howe beit they myght : and haue theyr mater endyd
Suche assay by falshode to prouoke the lawe
And than it fle, and them therfro withdrawe

But suche Folys that thus so besely
Pursue the lawe, with stryfe and brawlynge vayne
Consyder nat that they ren in great enuy
Amonge theyr neyghbours whiche shall them pay agayne
With theyr owne malyce and gyle to theyr great payne
But in the mean space the lawyers a made ryche
Leuynge these Folys and theyr mater in the dyche

Thou besy fole intende vnto this clause
That euery lawyer shall gyue more aduertence
To mony and gyftis than vnto thy cause
For after he hath set thy wordes and sentence
In his fat boke, fyllyd with offence
And there pryckyd with his couetous pen
Thou neuer shalt thryue whyle thy name is therin

Yet thou vnwysely art redy to intende
Vnto thy cause, and though it fortune be
Skant worth a grote, yet gladly wylt thou spende
Thy hole good theron so sekynge pouerte
For howe beit that the lawes ought be fre
Yet sergeaunt at turney promoter Juge or scribe
Wyll nat fele thy mater without a preuy brybe

Therfore thou acloyest with money or rewarde
The kepars of the lawe to make them to the bounde
In so moche that thoughe thy mater be but harde
Yet money shall make it haue moche better sounde
And to be playne that case hath euer best grounde
That is best anoyntyd with maystershyp and golde
Thoughe it be false it strongly is vpholde

And without dout the lawyers dylygence
Is in his pledynge euer moste substancyall
Whan of thy purse he hath had experyence
And knowyth thy hande to hym fre and lyberall
Wherfore we often vnto our mater call
From far places men of greatest disceyt
And fayrest wordes to prolonge our debate

And with theyr fayre and paynted eloquence
To glose our mater in wordes of no substaunce
So that Juge that by way of innocence
Gydeth the lawe in Just and right balaunce
Of suche pleders is led the blynde mannys daunce
So that they playnly proue before his syght
The right to be wronge, and the wronge to be right.

Thenuoy of Barklay.

O men malycious thus besy in the lawe
For euery mater and thynge of nought to stryue
I reade you your myndes from suche stryfe withdrawe
And from suche falshode as ye oft contryue

Or I ensure you ye shall neuer thryue
But wast your goodes therwith to get enuy
Lyuynge in discorde whyle ye ar a lyue
And at the ende your wylfulnes defye

Alas mad Fole, and man vnmerciable
What menest thou thy neyghbour to oppresse
And for thynge of nought to be so vengeable
To put both thy self and hym to besynes
Wastynge your goodes about vnhappynes
Leue man thy malyce and mytygate thy mynde
For who that can lyue in peas and quyetnes
Shall welth and rest both loue and riches fynde

Where as that Fole that is alway inclynde
To stryfe and pledynge for thynge of none auayle
And none occasion: labours the lawe to blynde
Becomynge a begger at last for his trauayle
And at the laste shall euery man assayle
This Fole with malyce, for his accostomyd stryfe
So that his foly he shall mone and bewayle
And so be wery of his wretchyd lyfe.

Of foles abhomynable in fowle wordes of rybawdry.

The lothsome wordes that nowe adayes we vse
And shamefull commonynge, full of wantonnes
Ar wont good maners to infect and abuse
Indusynge yll maners, yll lyfe and viciousnes
With countenaunces and dedes of vnhappynes
For as the wyse man sayth in a parable
Fowle wordes infectyth maners commendable

In our tyme nowe both waman childe and man
Without nomber worshyp with humbyll reuerence
The festis abhomynable of vyle grobyan
With all theyr myght honour and theyr dylygence
Compassynge his auters with lawdes and insence
With wordes and vsys, Fowle and abhomynable
Suche men myscheuous to hym ar acceptable

To his vyle temple renneth yonge and olde
Man, woman, mayden, and with them many a childe
And bere with them insence as I before haue tolde
Worshyppynge his festis with theyr langage defylde
And wordes from whiche all goodnes is exylyd
And with vyle langage of rybawdry the grounde
Whose yl example doth sympyll youth confounde

Shamefastnes is exylyd and all his hole lynage
And in his place is vylenes byd behynde
Vngoodly maners, vngoodlyer langage
Whiche ar the clene destruccion of mankynde
Lo here a fole, that with suche vyce is blynde
A vyle swyne, and foule ledyth by the ere
His bestely lyfe of this vyle beste to lere

These Folys also ar in suche an outrage
To rynge the bell of theyr mad rybaudry
That men may knowe theyr lyfe by theyr langage
Wherby they vtter theyr lewdnes openly
Thus all the Shyppes of our folysshe company
Ar led by the wawes of this see mundayne
By the foule swyne folowynge hir lyfe and trayne

Lyst our Folys of theyr right cours myght fayle
Or by great charge brake or els be drowned
The swyne of the se them draweth at hir tayle
And them nat suffreth to synke or stryke on grounde
But if all the Folys that of this sort ar founde
Sholde drynke no ale nor wyne durynge this yere
We nedyd nat to fere, that they sholde be moche dere

But these Folys the trouth to determyne
Bycause the sowe so doth hir pygges multyply
Therfore they folowe the maners of the swyne
In rybawde wordes full of shame and vylany
Suche maners in this tyme doth men best magnyfy
And them promotyth moche rather than wysedome
O where ar honesty and shamefastnes become

They ar exyled and haue no rowme nor place
In erth at this season with hye nor lowe dere
But suche as vse rybawde wordes voyde of grace
Ar nowe promotyd sonest to dignyte
And howe be it that they moche vnworthy be
Who that of his langage is moste obhomynable
Is taken in the court as man moste commendable

The hogge promotyd out of the myre and dust
Vyle and vngoodly of body and vsage
Promotyth and admyttyth men after his lust
The vylest settynge moste hye vpon his stage
And some ar so past shame in theyr langage
So fowle and lothly, that they moste comenly
Haue all theyr wordes in viciouse rybawdry

So that if mad Horestes myght them se
Hauynge respect vnto theyr lothlynes
He myght well say they were more mad than he
And wonder on theyr langage full of viciousnes
For all theyr delyte is in delyciousnes
Glotony and drynke, but he hath gayest name
Whiche rybawde wordes can mengle with the same

Thus who that offreth the Fende suche sacrafyce
With rybawde wordes, foule and abhomynable
Gyuynge occasion to youth to fall to vyce
Suche in his dedes is greatly reprouable
And shall as a fowle both pore and myserable
Shamefully lyue without moche better ende
Before his deth if he hym nat amende.

Thenuoy of Barklay.

Man vse thy tunge in myrth and honeste
And laude thy maker therwith with reuerence
To that intent god gaue it vnto the
And nat to vse it is incouenyence
In rybawde wordes is great synne and offence
And to youth great example, and damage
But thoughe thou be clene of dede and conscience
Yet men shall the Juge after thy langage.

Of the abusion of the spiritualte.

Here must I yet another barge ordayne
For many folys of the spiritualte
Whiche to the intent to auoyde labour and payne
In theyr meane youth take on them this degre
But after whan they a whyle prestis haue be
To haue forsaken the worlde they repent
Where firste they sholde better haue prouyd theyr intent

Yet somwhat here remayneth of my charge
Whiche must be touchyd and here of very right
Amonge our Folys haue a sympyll barge
And that is this, As moche as I haue insyght
Euery man laboures nowe with all theyr myght.
Vnto the order of presthode to promote
His sonne : howe beit he be a very sote

If he be folysshe or of his wyt vnstable
Mysshapyn of his face, his handes or his fete
And for no besynes worldly profitable
For the holy Churche than thynke they hym most mete
And so thou rurall churle, a man may wete
Thou woldest nat thy sone haue preste for this intent
To serue and to pleas our lorde omnypotent

But to the intent to lyue in eas and rest
And to auoyde all worldly besynes
And in his lust to fede hym with the best
Contynuynge in vyce, and moche vnhappynes
Suche Folys haue theyr myndes on ryches
On cursyd lucre pleasour ioy and welth
Carynge nought at all for theyr soulys helth

They care nought for wysdome vertue nor doctryne
Cursyd mony troubleth the goodly sacryfyce
And to the same theyr mynde they so inclyne
That it them ledyth to eche vnhappy vyce
And yet they thynke them self to exercyse
By way of wysdome and gouernaunce laudable
Thoughe they be worthy a bagpype and a bable

The order of presthode is troublyd of eche fole
The honour of religion euery where decays
Suche caytyfs and courters that neuer were at scole
Ar firste promotyd to presthode nowe adays
O Numa Numa thou folowyd nat suche wayes
In thy olde Temples suche folys to consecrate
But suche as were wyse, and with vertue decorate

And suche as had in cunnynge be brought vp
Godly of maners and of lyfe laudable
But nowe blynde Folys nought knowynge saue the cup
Falshode and flatery ar brought out of the stable
Sreyght to the auter, and without any fable
Mo prestes ar made than lernyd men or clerkes
As it aperyth playne by theyr folysshe warkes

From the kechyn to the quere and so to a state
One yester day a courter is nowe a prest become
And than haue these folys theyr myndes so eleuate
That they disdayne men of vertue and wysdome
But if they haue of golde a myghty some
They thynke them abyll a man to make or marre
And ar so presumptuous, and proude as Lucifarre

O godly order O prestly innocence
O laudable lyfe wysdome and humylyte
Alas why haue we you put from our presence
And you exylyd with godly grauyte
Our lyfe is nowe led in all enormyte
And all by our foly and amasyd ignoraunce
The prelatis ar the cause of this mysgouernaunce

O cursyd hunger of syluer and of golde
For your loue and desyre immoderate
To folys and boyes presthode is nowe solde
And to men myscheuous fyllyd with debate
The godly honour longynge to a state
Replete with wysdome cunnynge and grauyte
Ar nowe nat ordred right as they ought to be

O folys cursyd, o men moche myserable
Say say what Furour your myndes doth constrayne
To this holy order whiche is to you damnable
If ye in vertue your lyues nat mentayne
Away with this mynde withdrawe your fete agayne
Assay your lyfe longe before or ye begyn
For it is damnable to man ensuynge syn

Yet certaynly I fynde by euydence
That in the worlde is no sort of degre
Whiche is more gyuen to inconuenyence
Than ar suche Folys of this spiritualte
O where is chastnes and dame humylyte
Alas they ar dede and nat with vs aquayntyd
But flaterynge falshode hath our facis payntyd

Alas our order is fallen in errour
The path is left wherin we ought vs kepe
With what relygion do we our lorde honour
Alas the Shepherd is lewder, than the shepe
This great disorder causyth my herte to wepe
Alas what lewdness is cloked vnder cowlys
Who can expresse the foly of these folys

O holy orders of Monkes and of Freres
And of all other sortes of relygion
Your straytnes hath decayed of late yeres
The true and perfite rule of you is done
Fewe kepyth truly theyr right profession
In inwarde vesture, dyet, worde, or dede
Theyr chefe stody is theyr wretchyd wombe to fede

O holy Benet with god nowe glorifyed
O glorious Austen, o Francis decorate.
With mekenes, the placis that ye haue edefyed
Ar nowe disordred and with vyces maculate
Enuy, Pryde, Malyce, Glotony and debate
Ar nowe chefe gyders in many of your placis
Whiche grace and vertue vtterly out chasys

These holy faders rehersyd afore by name
Composed rules holy and laudable
For men religious, to lyue after the same
Whiche nowe but lytell to them ar agreable
But in theyr lyfe from them moche varible
O holy Benet Francis and Augustyne
Se howe your children despyseth your doctryne

But to speke shortly and in generall
We fynde but fewe suche prestis now certayne
As moyses in the olde lawe first of all
To serue in goddes Temple dyd ordayne
But vnwyse men rasshe, and mad of brayne
Becomyth prestis onely for couetyse
Gouernynge the Churche in a disordred wyse

Loke who that nowe of mynde is eleuate
And that gentylman that mysshapen and wytles is
Shall be made a preste, and after a prelate
To gyde the Churche, full bacwardly I wys
But suche as here the same doth gyde amys
And in theyr lyfe them selfe nat gydyth well
May after theyr deth abyde rewarde in hell

THENUOY OF BARCLAY THE TRANSLATOUR.
Ye that ar gyders of goddes heritage
Be in your dedes to hym faythfull and true
Instruct his flocke with vertuous langage
And good example to goodnes and vertue
Teche them the wayes of lewdnes to eschewe
Rather with your workes than payntyd eloquence
For the rude pepyll moste gladly them subdue
To that thynge wherof they se experyence

Expell couetyse, and desyre of dignyte
Beware of Venus, hir dartis are damnable
Take nat on you the order and degre
Of presthode : without that ye be somwhat able
For this is often prouyd without fable
That whan the Shepherde is folysshe outher blynde
Vnto his mayster he is nat profitable
Nor to his flocke : as he shall after fynde

The greattest rote of all mysgouernaunce
That nowe is vsyd amonge the comonte
Procedith of folysshe prestis ignoraunce
Whiche haue no wysdome way nor faculte

To hele such shepe as they playne scabbyd se
And straynge abrode without aduysement
They let them alone : so spiritually they dye
Wherfore the kepar is worthy of punysshement

The cause why so many prestis lackyth wyt
Is in you bysshops, if I durst trouth expresse
Whiche nat consyder what men that ye admyt
Of lyuynge cunnynge person and godlynes
But who so euer hym self therto wyll dresse
If an angell be his brokar to the scribe
He is admyttyd howe beit he be wytles
Thus solde is presthode for an vnhappy bryb

Of the prowde and vayne bostynge of Folys.

My hande is wery my wyt is dull almoste
Fayne wolde I rest to refresshe my wyt agayne
But a folysshe bande, that vse them selfe to bost
Of thynge nat done by them in wordes vayne
To wryte theyr lewdnes doth me bynde and constrayne
For some them bost in Phesyke and the lawys
Or in dedes of war : howe beit they ar but dawes

Here had I purpoysd as I before haue sayde
To haue stynt my tonge and seased for a whyle
Or of my boke here a conclusion made
And so these folys no farther to reuyle
But than aduysement dyd me beholde : and smyle
Saynge that my purpose was intendyd in vayne
And I but euen in the myddes of my payne

This worde to me was halfe a disconfort
For almoste wery was I of my trauayle
With that of Folys I sawe a myghty sort
Of dyuers sortis and dyuers aparayle
Some rayde as knyghtes in whyte harnes and mayle
And other as Doctours, and gyders of some scoles
But euer me thought that they sholde be but folys

Some other Crowned as Poetis lawreat
And other as Doctours expert in medycyne
Of whose maners condicions and estate
And stately bostynge of strength and of doctryne
Here shall I wryte, who lyst therto inclyne
And first I proue that euery day we se
That bostynge Folys leste of theyr dedes be

Some is a knyght hym bostygne of his londes
With his gylt sporys, and other cognysance
Another a Doctour and the lawys vnderstondes
And sene all the scolys of Italy and Fraunce
The knyght hym bostyth and boldely dare auaunce
Of his olde lynage, nobles and auncetry
Recountynge the discent of all his progeny

Ye in so moche that oft he hath no shame
Hym selfe of the stocke of the Romayns senatours
Or of some kynges progeny to name
Els other whiche hath ben myghty conquerours
And yet perchaunce his first progenytours
Came first of all vnto theyr chiefe estate
By fals extorcion, oppression or discayte

Suche folys ar proude of suche noblenes
Whiche they haue neuer nether cowde obtayne
By theyr owne vertue theyr strength or theyr boldnes
But in the gettynge therof for to be playne
Noblenes is gotten with dilygence and payne
By iustyce vertue strength and rightwysnes
And nat by rygour oppression or ryches

Say folye by what vertue or worthynes
Hast thou deseruyd this renowe specyall
Or what hast thou done wherby this noblenes
Wheron thou bostest, is thus vnto the fall
If it were sought I trowe no thynge atall
Saue that thou lust suche folysshe wordes to fayne
Wherby thy foly and pryde aperyth playne

Lo sayth a fole I haue be longe in warre
In straunge countrees and far beyonde the se
To dyuers Nacions my dedys knowen ar
Both spayne and Egypt and Fraunce spekes of me
In so many countrees in warrys haue I be
That all the people of Est, west, North and South
My name and laudys haue onely in theyr mouth

But yet perchaunce this fole that thus hym bostis
Was neuer in war nor out of his owne londe
Some other as Doctours come from strange costis
Coueytynge that name though they nought vnderstonde.
With euery folysshe thynge they ar in honde
Spekynge vayne wordes without wysdome and prudence
Yet count they them wyse and of parfyte eloquence

They boste theyr stody and vant of theyr cunnynge
With stately wordes proude loke and countenaunce
And thoughe suche folys lernyd haue no thynge
With theyr solem pryde they defende theyr ignoraunce
As none were wyser in all the scolys of fraunce
If they can reken and tell eche bokes name
They thynke them self great doctours by the same

So lede they foly about fast by the hande
Bostynge theyr laudes and name in euery place
Howbeit theyr owne dedes on se or on lande
Were neuer so noble suche lawdes to purchace
But to be short proude folys ar in that case
Rotyd by nature that them they moste auaunt
In that wherin they ar moste ignoraunt

Thenuoy of Barclay.

Desyst ye folys your bostynge wordes and vayne
Let other men commende your honestye
And godly lyfe, for it is foly playne
To prayse your selfe though that ye worthy be
Than moche gretter shame is it to lye
Bostynge that thynge the whiche ye neuer had
In cunnynge strength lynage or degre
Of all bostynge this namely is moste bad.

But yet men olde of our predecessours
In theyr olde prouerbes often comprehende
That he that is amonge shrewyd neyghbours
May his owne dedes laufully commende
Syns his yll wyllers wyll nat therto intende
Also I fynde that there thre sortes be
Of people lyuynge, whiche may themselfe defende
In lesynge, for they haue auctoryte to lye

The first is pylgrymes that hath great wonders sene
In strange countres, suche may say what they wyll
Before tho men that hath nat also ben
In those same places, and hath of them no skyll
The seconde ar men aged suche may bost theyr fyll
Without repugnaunce.   And men of hye degre
Before theyr seruauntis may playne say what they wyll
Yet ar they nought but folys if they lye

Of carde players and dysers.

The damnable lust of cardes and of dyce
And other gamys prohybyte by the lawe
To great offencis some folys doth attyce
Yet can they nat them self therfro withdrawe
They count theyr labour and los nat worth a strawe
Carynge nought els: therin is theyr delyte
Tyll thryft and helth from them be scapyd quyte

Lo yet agayne of Folys assemblyth mo
Vnto my shyppys in hope of auauntage
But oft it hapnyth or they depart and go
Theyr lust them turneth to losse and great damage
By theyr lewde gamys furour and outrage
Suche ar great gamners hauynge small substance
Whiche often fall to great losse and myschance

Sayth poetis that in hell ar Furyes thre
The folys to punysshe that ar sende to the same
For theyr nat lyuynge here in equyte
It nedyth nat them here to count by name
The fourth Fury is encresyd by this game
Whiche (than the other) is more furious and bad
For here in erth it makyth folys mad

But of men gyuen vnto this furiousnes
Of vnsure game, chefe cause of stryfe and wo
And moche losse: somwhat I shall expresse
But first I say some ar so gyuen therto
That where so euer they labour ryde or go
If they be onys inflamyd with the game
To theyr destruccion theyr mynde is on the same

In hope to get (that they haue lost) agayne
All theyr hole pleasour is set to throwe the dyse
So of one losse oft tymes make they twayne
Wherby oftyme they ren in preiudyce
And get occasion of theft and other vyce
But thre dyse rennynge square all of one sort
To suche Folys is chefe confort ioy and sport

Suche folowe this game stryuynge nyght and day
Tournynge the dyse somtyme by polecy
Them falsly settynge assaynge if they may
Some vyle auauntage for to obtayne therby
But than if they nat set them craftely
Anone begynneth brawlynge and debate
Blasfemynge and othes the pot about the pate

Exces of watchynge doth players great damage
And in that space oft Venus doth them blynde
Makynge them hoore longe or they come to age
Also this game troubleth oft theyr mynde
With wrath them makynge vnstable as the wynde
Theyr mynde it disclosyth theyr wyt infextynge to
It also theyr reasons troublyth with inwarde wo

A couetous herte by game is kept in fere
And styrred to yre euer whan it can nat wyn
Whiche yre vnto the stomake doth great dere
Besyenge the mynde pryuely within
The wyt thus troublyd of wysdome is but thyn
And so the more that wrath doth hym inflame
The more backwarde and lewdly goeth his game

These folys vngracious of theyr gouernaunce
Care for no thynge : theyr lust is fyxed fast
On vnsure fortune : and hir vncertayne chaunce
Whiche them promotyth to beggers at the last
Watchynge without season tyll theyr wyt be past
Ye two nyghtes or thre as folys voyde of grace
No thyrst nor hunger can moue them from that place

But in the mean season if that any discorde
Amonge them fall, the woundes of god ar sworne
His armys, herte and bonys, almoste at euery worde
Thus is our sauyour amonge these caytyfs torne
And wordes of malyce myschefe and great scorne
They throwe to god renounsynge oft his name
Whan that mysfortune doth bacwarde gyde theyr game

These folys in furour vpon our lorde thus cry
As if he caryd for theyr myscheuous game
Or whan they for theyr lossys ar sory
That god aboue sholde also be the same
But whyle these Folys blasfeme thus christes name
The wymen and maydes, whiche is abhomynable
In game and othes to men ar euen semblable

There is almoste no maner of degre
Man, childe, woman, pore man, or estate,
Olde or yonge, that of this game ar fre
Nor yet the clargy, both pore preste and prelate
They vse the same almoste after one rate
Whan by great los they brought ar in a rage
Right fewe haue reason theyr madnes to asswage

I wyll nat say but it is commendable
For recreasion somtyme to vse suche sport
So it be done in season and tyme laudable
And amonge persons mekely of one sort
And nat for lucre, but pleasour and confort
Without all othes and with perfyte pacyence
In losse and gayne, in suche game is none offence

-

But yet the Lucre that is won therby
Is nat allowed ne by the lawes approbate
For to be gotten true and rightwysely
For god almyghty doth suche yll getters hate
And theyr wronge gamys also, causynge debate
Enuy and murder, and euen for the same cause
They ar prohybyte also by the lawes

And to be playne great inconuenyences
Procedyth to many by this vnlawfull game
And by the same oft youth doth sue offences
To his destruccion and all his frendes shame
For whan all theyr good is wastyd by the same
Often some by foly fallyth to be a thefe
And so ende in shame sorowe and myschefe

THENUOY OF BARCLAY.

Consyder ye players the great losse and damage
That comyth of this game vsyd vnlaufully
Firste of it comyth no maner auauntage
But if one put hym firste in ieoperdy
And that small lucre that gotten is therby
Though thou about the same hast moche payne
Thynke well that it is gotten wrongfully
The lawe the byndeth : it to restore agayne

Wherfore me thynke that man doth surest play
That with this madnes medlyth nat atall
But in his cofres his moyney kepis alway
For that is sure howe euer the cardes fall

Or other game as Tables dyse or ball
And better a lytell sure than moche in fere and dout
Better haue one birde sure within thy wall
Or fast in a Cage than twenty score without

This game also oft causeth wrath and othes
And malyce where erst was loue and amyte
And moche falshode, whiche god almyghty lothes
With fals forswerynge disceyt and cruelte
It causeth by watchynge also infirmyte
So men by it (los) of goodes and body fynde
Wherfore let euery man suche foly fle
There was neuer wyse man that set theron his mynde.

Of folys oppressyd with theyr owne foly.

Of folys I wot there is great company
Within my boke in fygures and scripture
But in this Shyp namely ar there many
Whiche theyr owne foly can by no meane endure
Suche in this Barge shall of a rowme besure
Thoughe they haue rowme I can graunt them no rest
For with the Asse they rudely ar opprest

Within my shyp: and also on euery syde
Ar so many folys saylynge before the wynde
So swyftly that me thynke they wyll nat byde
But sone depart, and so leue me behynde
The faute and cause is in my sleuthfull mynde
But the slowe Asse hye on my backe doth skyp
And warnyth me so enter I the shyp

The shyp I enter, and worthy am therto
Amonge my folys my self may clayme a place
For my great slouth in eche dede that I do
But neuertheles I am nat in that case
To occupy great rowme before eche mannys face
A lytell and strayt corner for me is best
That I may slepe therin and take my rest

I coueyt nat to be in places wyde
I am content with a corner of straytnes
Vpon the hatchys I coueyt nat to byde
For there is to moche labour and besynes
And also the Asse betokenynge sleuthfulnes
Sholde haue to moche space on me to tred
If I at large about by it were led

Yet in my sleuth if I coude be pacient
And folowe the Asse without all repugnaunce
But alway redy at his commaundement
I sholde be put to moche lesse greuaunce
And so haue hope to scape this perturbaunce
My membres fre, from suche wo and payne.
But well I fell my trust is but in vayne

But this one thynge my herte and mynde doth glad
And in my payne is the moste chefe confort
That mo companyons by the same Asse ar lad.
Of my condicion lyuynge, and lyke sort
Whose owne foly, whiche they take for a sport
By longe contynuaunce themself doth sore oppres
Tournynge theyr myrth to wo and wretchydnes

These ar they whiche wyll nat aply theyr mynde
To wyse mennys counsell and aduysement
Wherby they myght both welth and profyte fynde
If to suche counsell they gladly wolde assent
These ar suche folys as furious of intent
By wrath ar dryuen to dyuers great offence
For none occasion, without reason and prudence

These ar suche Folys as by stryfe and debate
And other suche whiche lewdly by enuy
And no cause gyuen theyr neyghbours hurt and hate
And so to malyce theyr cursyd myndes aply
These ar suche Folys as suffer paciently
For lacke of betynge theyr children folowe vyce
To theyr great shame, theyr losse and preiudyce

These ar they that by malyce at all hours
Ar cruell and greuous, and put to losse and payne
Suche as they ouer may : both straunges and neyghbours
By cursyd lesynges whiche they iniustly fayne
These ar they that of all men haue disdayne
With dronken dryuyls gyuen hole to glotony
These ar the felawes of this mad company

Moreouer into my Shyp shall they ascende
That ar streght shoed whiche them doth sharply greue
But yet they se nat therto, it to amende
Suche ar they that on no goodnes wyll byleue
All wastynge folys whiche to theyr great myscheue
Sell and waste theyr londes suche ar of this sort
And they that more spende than theyr londes may support

These ar mad Folys and abhomynable
And cursyd of god : that ar bawdes to theyr wyues
Lettynge them to hyre, and thoughe that profytable
This way they thynke, yet right fewe of them thryues
These ar mad Folys that lewde ar of theyr lyues
Knowynge what payne is ordeyned for eche syn
Yet moue they nat, but styll abyde therin

These ar proude beggers, and other stately folys
Sclanderers lyers, and Jurours of the syse
Phesicians and lawyers, that neuer went to scolys
And fals Tauerners that reken one pot twyse
Tapsters and hostlers that folowe that same gyse
These ar fals offycers that lyue vpon brybes
As excheters officials Counstables and scribes

Folys of these sortis and mo than I can tell
For theyr myslyuynge and great enormyte
Of the slowe Asse shal be tred downe to hell
If they nat mende them self before they dye
But in the mean tyme shall they be here with me
In my folys Shyp, on se rowynge with payne
If they amende, depart they shall agayne

THENUOY OF BARCLAY.

O folys oppressyd with your mysgouernaunce
Amende your lyfe expell this your offence
Ye can nat excuse your self by ignoraunce
Ye ar taught to leue your inconenyence
By godly Prechers men of hye prudence
Also the punysshement whiche god doth often sende
To other Folys shulde moue you to amende.

Of the extorcion of knyghtis, great offycers, men of war, scribes and practysers of the lawe.

Whyle knyghtes and scribes exchetours and constables
And other offycers whiche haue auctoryte
Vnder the kynge : as Shryfs by fayned fables
Catche a rurall man rude, and of symplycite
If he haue money, These theues so cruell be
That what by crakynge thretenynge and extorcion
They spoyle this pore man, so that sympyll is his porcion

To our folysshe Shyp I sommon and assyte
Constables scribes lawyers and Sowdyours
Exchetours Sheryfs, and knyghtes that haue delyte
To abuse theyr offyces, by falshode and rygours
They gyue me occasion to blame theyr errours
And for that in theyr charge they often tryp
By false abusion, they shall be in my shyp

Hast hyther I requyre, my Nauy is a flote
Longe tary hurtyth, for hawsyd is the sayle
The anker wayed, within borde is the bote
Our shyp decked after a homely aparayle
By suche passyngers I loke for none auayle
But fere displesour, bycause I shall be trewe
Yet shall I so. ensue what may ensue

Good offycers ar good and commendable
And manly knyghtes that lyue in rightwysenes
But they that do nat ar worthy of a bable
Syns by theyr pryde pore people they oppres
My mayster kyrkham for his perfyte mekenes
And supportacion of men in pouertye
Out of my shyp shall worthely be fre

I flater nat I am his true seruytour
His chaplayne and bede man whyle my lyfe shall endure
Requyrynge god to exalt hym to honour
And of his Prynces fauour to be sure
For as I haue sayd I knowe no creature
More manly rightwyse wyse discrete and sad
But thoughe he be good, yet other ar als bad

They shall vnnamyd my shyppis haue in cure
And other offycers who so euer they be
Whiche in extorcion and falshode them inure
Hopynge by the same to come do dignyte
And by extorcion to augment theyr degre
Mansell of Otery for powlynge of the pore
Were nat his great wombe, here sholde haue an ore

But for his body is so great and corporate
And so many burdens his brode backe doth charge
If his great burthen cause hym to come to late
Yet shall the knaue be Captayne of a barge.
Where as ar bawdes, and so sayle out at large
About our shyp to spye about for prayes
For therupon hath he lyued all his dayes

But hym I leue, and so retourne agayne
Namly to speke of the vnrightwysenes
Of knyghtes and fals scribes whiche fully set theyr brayne
To brynge pore people into gretter wretchydnes
Than they were erst and so them to oppresse
For playnly to speke fals knyghtes and scribes be
Of one maner lyuynge practyse and faculte

The scribe in wrytynge with his disceytfull pen
Syttynge in his syege acloyde with couetyse
By subtyle wordes spoylyth the symple men
Whiche come to hym, desyrynge right iustyce
The knyght in warre is gyuen to the same vyce
Robbynge and spoylynge by feldys : preuely
But the scribe oppressyth the pore men openly

The knyght in warre in tyme of frost or rayne
Or the colde snowe as man masyd with rage
Subduyth his body to ieopardye or payne
Damnynge his soule for brybynge auauntage
The iniust scribe ensuys the same vsage
Defylynge his soule with his pen and black ynke
Whose couetyse causyth his soule in hell to synke

The cursyd hunger of syluer and of golde
After one maner doth these two so inflame
That for the Lucre therof theyr soules ar solde
The one a thefe without all fere and shame
In tyme of warre in spoylynge hath his game
Murdrynge men and brennynge towne and vylage
Nought sekynge but Lucre by spoylynge and pyllage

The pore chorle vnexpert and innocent
Suspectynge nought for his true symplycyte
Is by this scribe compellyd by falshode vyolent
To pay for his pennys tyll he a begger be
Thus lyue knyghtis and scribes after one degre
Oppressynge the pore, them puttynge to great payne
Vnto them self by falshode gettynge gayne

Eche of them askyth Lucre and wynnynge
Nought carynge whether it be wronge or right
Thus cursyd is the sort that haue theyr lyuynge
In robbynge pore people by violence and myght
But if they had Iustyce and mercy in theyr syght
Theyr offyces mynystrynge by lawe and equyte
Both of god and man rewardyd sholde they be

Who that is rightwyse good, men shall hym commende
And lawde his name, and his dedes magnyfye
The knyght is ordeyned by manhode to defende
Wydowhode and age from wronge and iniury
With fatherles children, and suche as lyue in penury
And with dynt of swerde to defende the comon welth
Expellynge theuys, sauynge true mannys helth

The scribe is ordeyned hymself to exercyse
To wryte with his pen iust lawes and verytable
And shewe by his craft the rule of right iustyce
But nowe theyr dedys ar moche varyable
For knyghtes and scribes by wayes disceyuable
By the swerde and pen right cursydly intende
Them to oppres, whome they ought to defende

As wydowes pore men and children pryuate
Of Father and mother and feble men by age
By suche oppression they increase theyr estate
And by successyon of all theyr hole lynage
Alas the childe oft forgoys his heritage
Without : right longe or he be of discression
And all by fals knyghtis spoylynge and oppression

In erth no gyle, nor falshode is doutles
Nor yll that is to scribes comparable
But touchynge thoppression and vnhappynes
Of other offycers it is innumerable
And namely sowdeours ar nowe moste vengeable
And other courters : that scant the kynges way
Of theyr spoylynge may be quyte by nyght or day

What shall I wryte of powlynge customers
And spoylynge serchers Baylyfs and Constables
Sergeauntis and catchpollis and other offycers
Whiche with others plate garnysshe gay theyr tables
Theyr howsys stuffed with brybes abhomynbles
Suche by oppression become thus excellent
Contynuynge in falshode for lacke of punysshement

THENUOY OF BARCLAY.

Ye knyghtes vnrightwyse and offycers iniust
Auoyde your extorcion done by cruelte
Auoyde this desyre, mad and myscheuous lust
Whiche ye haue in spoylynge of the comonte
Better is for you to lyue in pouertye
So plesynge god with vndefyled name
Than by oppression to come to hye degre
And than after deth be damnyd for the same

Of folysshe messangers and Pursuyuauntis.

I am a swyft Pursuyuaunte or messangar
None in the worlde swyfter as I wene
Here am I come from londes strange and far
Yet can I nat (drynkynge) voyde my botell clene
Tyll in the foles Shyppes I haue ben
And to the chefe delyuered vp this byll
Shypman (tyll I enter) let thy shyp stande styll

I had purposyd nat to haue tane on honde
To cary in my shyp any messangers
Or pursuyuauntis that occupy on londe
For I myself and all my maryners
Kepe on the see, with our folysshe partners
So far from londe, and rowynge with suche payne
That no messanger may vs reuoke agayne

Yet some of them coueyt to haue place
To them assigned within a folysshe barge
And with our folys to be so moche in grace
Of all theyr messages to haue the cure and charge
To this intent to ren euer out at large
With letters or Charters, about dyuers londes
Somtyme in theyr mouth and somtyme in theyr hondes

Somtyme other wyse them hydynge pryuely
To kepe them sure, from moystnes of the rayne
And so to go without all ieopardy
In his iourney and salue to come agayne
But some of these folys take vpon them payne
To execute more, than is in theyr message
To theyr owne scorne, and lordes great damage

But yet oft tyme (Howbeit theyr promes)
Was in all hast to theyr message to entende
They it prolonge by ouer moche dronkennes
Taryenge theyr charge, and bryngynge nought to ende
By theyr slowe paas, thus he that dyd them sende
Thynkyth his mater well done and brought to pas
But by theyr prolongynge it is euyn as it was

And often these messangers so wysely them gouerne
That whyle they sholde be in hande with theyr mesage
They range about to eche alehous and tauerne
With the swete wyne theyr great hete to asswage
Tyll he. be brought into the dronken rage
Than opyns he his letter it redynge twyse or thryse
And all for this purpose newe lesynges to deuyse

His letter he openyth as fals and past all shame
To knowe the secrete therof to this intent
With his fals tunge to glose vpon the same
And oft in his message he is so neglygent
To lese his letters, and so as imprudent
He can nat that shewe that men to hym commyt
Retournynge without answere so folysshe is his wyt

A true messanger and of parfyte dilygence
Is moche worthy, and greatly commendable
For lyke as in Somers feruent vyolence
The colde wynde and snowe to man is delectable
And as to men wery : rest is moche confortable
So a messanger spedy faythfull and parfyte
Retournynge to his lorde doth hym as great delyte

Suche true messangers no man wyll discommende
That is of wysdome mynde pacient, or doctryne
But folysshe messangers here I comprehende
Whiche in theyr message to folysshe wordes inclyne
More tendynge to theyr botell full of ale or wyne
Than to theyr message, for this is prouyd playne
That sende a fole forth.   and so comys he agayne

Suche folys haue theyr mawes so feruent
In hete by rennynge, and excessyue langage
Fyllyd with foly : That no drynke can it stent
Nor with moystnes that feruent hete asswage
But a faythfull man that doth truly his message
Is to be lawdyd.   But we dayly proued se
That wyse wyll do wysely, and folys as they be.

THENUOY OF BARCLAY THE ACTOUR.

Ye follysshe messangers gyuen to neglygence
To slouth and ryot in your besynes
Reduce your myndes to parfyte dilygence
So may ye to your lordes do confort and gladnes
Be true in his myssage, gyue you to secretnes
If ye do nat I Barclay, shall certayne
For eche of you my folys lyueray dres
That is a hode to kepe you from the rayne

Of folisshe Cokes and buttelers and other offycers of howsholde that wast theyr maysters good without mesure.

Lo nowe comys a sort by dosyns multyplyed
Vnto my shyp : of dyuers cokes and buttelers.
A rowme to them may nat be well denyed
Nor to all other suche howsholde offycers
These folys hast fast to be my maryners
Rowynge with suche myght that all the se fomes
Suche increas our Nauy, by vylenes of other wombes

This sort of seruauntes whome thou dost here espy
Gyuen to theyr wombe by lust obhomynable
Of meat and drynke and superflwe glotony
Ar to theyr maysters but lytell profytable.
Oft Cokes and butlers ar so disceyuable
Of nature, to theyr mayster and folowe this offence
That nought they set by his losse by theyr expence

These folys reuellynge on theyr maysters coste
Spare no expence, nought carynge his damage
But they as Caytyfs often thus them boste
In theyr glotony with dissolute langage
Be mery companyons and lusty of cowrage
We haue our pleasour in deynty mete and drynke
On whiche thynge only we alway muse and thynke

Ete we and drynke we therfore without all care
With reuyll without mesure as longe as we may
It is a royall thynge thus lustely to fare
With others mete, thus reuell we alway
Spare nat the pot another shall it pay
Whan that is done spare nat for more to call
He merely slepys the whiche shall pay for all

Thus fewe or none of kepars shall we fynde
Trewe in theyr dedys, and after one intent
Though maysters to theyr seruauntis be full kynde
Agayne is the seruaunt fals and fraudelent
So howsholde seruauntes though they seme innocent
And without falshode before theyr lordes face
They wast all and more in another place

Whan mayster and maystres in bed ar to rest
The bordes ar spred, the dores open echone
Than farys the Coke and Butteler of the best
Other both togyther, or eche of them alone
With wyne and ale tyll all the best be gone
By galons and potels they spende without care
That whiche theyr lorde for his owne mouth dyd spare

They ar nat content amonge them selfe to spende
Theyr maysters goodes in suche lyke glotony
But also for other glotons they do sende
And strange dronkardys to helpe out theyr vylany
By whose helpe they may the vessellis make dry
And he that hath way to drynke at eche worde
Amonge these Caytyfs is worshyppyd as a lorde

Amonge these wasters is no fydelyte
They haue no hede nor care ne aduertence.
Of the great losse, and the cause of pouertye
Growynge to theyr lorde by this wastfull expence
But hym begyle behynde his backe and presence
The mayster or lorde lyinge in his bed
Full lytell knowys howe his howsholde is led

But whyle the seruauntes fals ryot thus ensue
Wastynge theyr maysters good and hole substance
The mayster thynkes his seruauntes good and true
But if it fortune after by some chaunce
That the mayster haue a desyre or plesaunce
Of his best drynke with his louers to haue some
The vessell empty shall yelde nought but bom bom

Than shall the lorde perceyue the great disceyte
Of his wastfull seruauntes and theyr fals abusion
But his perceyuynge than is all to late
So it apereth that great collusion
Comyth vnto many, and extreme confusion
By vntrue seruauntes as Cokes and butlers
And by all other housholde offycers.

I thynke it shame to wryte in this my boke
The great disceyte gyle and vnclenlynes
Of any scolyon, or any bawdy Coke
His lorde abusynge by his vnthryftynes
Some for the nonys theyr meat lewdly dres.
Gyuynge it a tast to swet to salt or stronge
Bycause the seruauntes wolde eat it them amonge

This company, and bende vngracious
Ar with no pety mouyd, nor yet care
They wast : and ete theyr mayster out of hous
Deuourynge his good, tyll he be pore and bare
And with what meates so euer the lorde shall fare
If it be in the kechyne or it come to the hall
The coke and scolyon must taste it first of all

In euery dysshe these caytyfs haue theyr handes
Gapynge as it were dogges for a bone
Whan nature is content fewe of them vnderstandes.
In so moche that as I trowe, of them is none
That dye for age : but by glotony echone
But suche folys were nat theyr hasty lokes
To my folysshe shyp sholde chosen be for Cokes

THENUOY OF BARCLAY.

In this shyp myght I compryse or comprehende
Seruauntis of euery craft and facultye
Whiche in lewde ryot theyr maysters goodes spende
Bryngynge them therby to carefull pouertye
But as for this tyme they shall passe by for me
Syns by theyr maysters folysshe neglygence
They haue occasion so ryotous to be
By great cause gyuen of inconuenyence.

But to you seruauntis I tourne my pen agayne
Exortynge you to your maysters to be true
And nat thus to spende and wast his good in vayne
And so to harde nede therby hym to subdue
Lewde felawshyp se that ye euer eschewe
Beware of ryot, be content wyth your degre.
For who that agaynst his mayster is vntrewe
In his owne labour is seldome sen to thye.

Of the arrogance and pryde of rude men of the countrey.

The rustycall pryde of carles of the londe
Remaynyth nowe, whiche I intende to note
Whiche theyr owne pryde nat se nor vnderstonde
Wherfore they coueyte with me to haue a bote
And so they shall, but whan they ar a flote
Let them me pardon, for I wyll take no charge
Of them : but them touche and let them ren at large

Of husbonde men the lyfe and the nature
Was wont be rude and of symplycyte
And of condicion humble and demure
But if a man wolde nowe demande of me
Howe longe agone is syns they thus haue be
I myght well answere it is nat longe agone
Syns they were symple and innocent echone

And so moche were they gyuen to symplenes
And other vertues chefe and pryncipall
That the godly trone of fayth and rightwysnes
Had left great townes lordes and men royall
And taken place amonge these men rurall
All vertues : stedfastnes iustyce and lawe
Disdayned nat these pore cotis thekt with strawe

There was no disceyt nor gyle of tymes longe
Amonge these men : they were out chasyd and gone
For iustyce (as I haue sayd) was them amonge
And of longe tyme there kept hir chayre and trone
Of brynnynge Auaryce amonge these men was none
No wrongfull lucre nor disceytful auauntage
Infect the myndes of men of the vyllage

That is to say they knewe none vsury
No hunger of golde dyd theyr myndes confounde
They knewe no malyce : nor pryde of theyr body
Nor other vyces that trowbleth nowe the grounde
They coueyted nat to greatly to abounde
In proude aparayle, lyke Cytezyns excellent
But theyr hole lyfe was symple and innocent

But nowe the lyfe of eche carle and vyllayne.
Is in all maners chaungyd euen as clene
As if the trone moste noble and souerayne
Of rightwysenes : amonge them had neuer bene
Of theyr olde vertues nowe is none in them sene
Wherby they longe were wont themself to gyde
Theyr lyfe is loste and they set hole on pryde

Theyr clothes stately after the courters gyse
Theyr here out busshynge as a foxis tayle
And all the fassions whiche they can deuyse
In counterfaytynge they vse in aparayll
Party and gardyd or short to none auayle
So that if god sholde theyr bodyes chaunge
After theyr vesture theyr shape sholde be full strange

Thus is theyr mekenes and olde symplycyte
Tournyd by theyr foly to arrogance and pryde
Theyr rightwysenes, loue and fydelyte
By enuy and falshode nowe ar set asyde
Disceyt and gyle with them so sure doth byde
That folke of the towne of them oft lerne the same
And other newe yllis causynge reprofe and shame

Theyr scarsnes nowe is tournyd to couetyse
They onely haue golde and that, in abundaunce
Theyr vertue is gone, and they rotyd in vyce
Onely on riches fixed is theyr plesaunce
Fye Chorles amende this mad mysgouernaunce
What mouyth you vnto this thyrst feruent
Of golde : that were wont to be so innocent

What causeth you thus your lyfe to change
To cursyd malyce from godly innocence
Nowe Carles ar nat content with one grange
Nore one ferme place, suche is theyr insolence
They must haue many, to support theyr expence
And so a riche, vyllayne proude and arrogant
Anone becomyth a couetous marchant

Than labours he for to be made a state
And to haue the pryuelege of hye nobles
Thus churlys becomyth statis nowe of late
Hye of renowne without all sympylnes
But it is great foly and also shame doutles
For Carles to coueyt this wyse to clym so hye
And nat be pleasyd with theyr state and degre

TENUOY OF BARCLAY THE TRANSLATOUR.

Fye rurall carles awake I say and ryse
Out of your vyce and lyfe abhomynable
Namely of pryde, wrath, enuy and couetyse
Whiche ye insue, as they were nat damnable
Recouer your olde mekenes, whiche is most profytable
Of all vertues, and be content with your degre
For make a carle a lorde, and without any fable
In his inwarde maners one man styll shall he be.

Of the contempt and dispysynge of pouertye.

In this our tyme we pouertye out chase
From vs, but ryches doth euery man content
The pore is oppressyd to grounde in eche place
He onely is mocked and countyd imprudent
As it were a naturall fole, or innocent
He that is pore, and wyse, must hym submyt
Vnto a riche fole whiche in a trone shall syt.

I cary of folys within this present barge
A marueylous nomber and almoste infynyte
Whiche on vayne ryches only haue theyr charge
And hath on it more pleasour and delyte
Than in good vertues that myght theyr soule profyte
They set more store the peny to posses
Than of good, maners, worshyp, or holynes

All men forsaketh in this tyme to sustayne
The weght and burthen of godly pouerte
The cursyd hunger of ryches doth constrayne
The hertis of men and that of eche degre
Good lyuers of no valour countyd be
If they lacke riches, theyr goodnes to support
To theyr company none forsyth to resort

They that haue honoured wysdome here before
And loued vertue, and in the same procéde
In this our tyme promotyd ar no more
To lawde and honour whiche ought to be theyr mede
To rightwyse men nowe no man taketh hede
But onely they haue bribes in plente
That ar moste riche and hyest in degre

But syns it is so that plenty and abundaunce
Of vayne riches and blynde and frayle treasour
Doth them that hath the same lyghtly auaunce
To loue, to frendshyp, to lawdes and honour
And he that lackyth the same is in dolour
Therfore all men more gladly it ensue
Than lawdable lyfe gode maners or vertue

The worlde rennyth on suche chaunce nowe adayes
That none by vertue riches can attayne
But who that wyll be riche must folowe nowe suche wayes
Firste must he flater and of honour haue disdayne
He spare must none othes though they be fals and vayne
And that he hath sayde by and by forsake.
Nowe swere and promes, anone them both to brake

He must promes and vowe both to god and man
And neuer care nor force to kepe the same
By falshode or brybynge get what he can
His wordes and dedes both without fere and shame
By cruell delynge he must hym get a name
Nought must he care for synne nor vyolence
Nouther present nor past, styll redy to offence

He must with rauysshynge clawes exercyse
Vsury, rubbynge from people innocent
Brybes and spoylynges and tyme therfore deuyse
He must bere talys faynyd and fraudelent
And with the lyes trouble myndes pacient
And into the erys of good men and laudable
He droppyth venym by wordes vengeable

O damnable lyfe pollutyd all with vyce
O deuylysshe maners alas we may complayne
The worlde is wrappyd in suche syn by couetyse
Whiche doth all vertue and godlynes distayne
All thynge is solde, for frayll treasour and vayne
Laufull and vnlaufull vertue lawe and right
Ar solde for money whiche blyndyth mannys syght

Were nat blynde treasour and vnhappy ryches
Many one for theyr synnes and offence
Sholde worthely haue dyed in wretchydnes
And other escapyd for theyr innocence
The peny damnyth: somtyme gyuynge sentence
So that oft tymes in tyme of iugement
It reddyth murdrers and Theues fro punysshement

Thus synnes greuous escapyth quyte and fre
By money, whiche is so good an aduocate
That it man reddyth what euer his trespas be
From deth and peryll if it come nat to late
It gettyth loue of pore man and estate
It wolues and Foxis delyuereth from tourment
And hangeth vp, doues and Lambes innocent

The ryche by oppressyon augmentyth theyr ryches
Whiche is at last to theyr owne great damage
Lyke as the Bybyll playnly doth expres
Howe Achab wolde haue had the herytage
Of Nabeth: descendynge to hym by his lynage
Wherfore this Naboth rightwysly withstode
The kynges wyll and that by reason gode

Where as this rightwyse man full wretchydly
By this ryche kynge, by oppression playne
And his Quenes falshode was damnyd wrongfully
For his denyenge, and so with stonys slayne
For whiche thynge this kynge after had payne
By wretchyd deth whiche god to hym dyd sende
Of extorcioners this is the comon ende

Thus the pore onely for theyr symplycite
Is tred vnder fote by suche as haue myght
Thus bagges must be had of pure necessyte
For without them no man can haue his right
But whan the golden age the worlde dyd lyght
And rayned amonge men, than was pouerte
Of great lawde and glory with men of eche degre

Than was theyr fode scas, theyr lyuynge lyberall
Theyr labour comon, they knewe no couetyse
All thynge was comon than amonge them all
The lawe of nature from them expellyd vyce
Without violence or rygour of iustyce
But none of all these our firste progenytours
Theyr myndes blyndyd with gatherynge great treasours

But thoughe by ryches nowe men be enhaunced
Yet in tyme past men haue by pouertye
In lawde and glory theyr royalmes hye auaunsyd
And come therby vnto so great dignyte
That theyr hye name and fame can neuer dye
Rome was firste pore, and pore was the senate
And in Rome pore was many a great estate

Yet were they nobly disposyd to batayle
So that whyle they lyuyd in theyr symplenes
No other Nacion agayne them coude preuayle
But after whan they gaue theyr myndes to ryches
Oft strange Nacions them sharply dyd oppres
By this example it apereth openly
That to a good warrour ryches is ennemy

The noble Curius in scarsnes and vertue
Rulynge in Rome, at the Romayns desyre
Dyd the Samnytyens manfully subdue
And the Ausonyans vnto the same empyre
With all other that durst agaynst Rome conspyre
Of whome many for his souerayne wysdome
Of theyr frewyll dyd subiect to hym become

What man doth nat Publicola commende
Whiche by scarsnes deseruyd hath honour
And heuenly worshyp whiche none can comprehende
Hystoryan, Poet, nor other oratour
We lawde Fabricius a mean Conquerour
Whiche the rewardes of Pyrrhus dyd despyse
Wherby men knewe he louyd no couetyse

Yet led this Fabricius his lyfe in scarsyte
With lytell riches to hym moche acceptable
Regulus also a man of great dignyte
For his suffysaunce reputyd is laudable
In small substance he thought to lyue most stable
Thus is that man both wyse and excellent
That with ynoughe can holde hym selfe content

The firste begynnynge and origynall
Of all the worlde was firste in scarsyte
Therby were Cytees byldyd first of all
And kynges establyd in theyr royalte
With theyr kyngdomes. and men of eche degre.
Pouerte of all the lawes was Inuentryce
Mother vnto vertue, confonderes of vyce

By scarsyte Grece hath gotten suche a name
Of laude and worshyp whiche neuer shall decay
That all the worlde hole, spekyth of the same
But howe the lordes thereof lyued alway·
In stedfast vertue somwhat shall I say
The iust Arystydes inuentour of iustyce
Was euer pore, nat gyuen to couetyse

Epamynundas also lyued in vertue
And he beynge Duke possessyd small ryches
Yet neuer kynge nor Prynce coude hym subdue
By suffysaunce suche was his worthynes
The noble Poet homerus eke : doutles
Whyle he descrybed the sore ruyne of Troy
Was pore, and set on couetyse no ioy

Socrates with godly wysdome decorate
Set neuer his mynde on ryches or treasour
Yet was neuer kynge so ryche nor estate
Than was more worthy than he was of honour
In all the worlde is no thynge at this houre
So proude nor hye whiche hath nat first of all
Had chefe begynnynge of a Ryuer but small

The worthy Cyte callyd Tarpye by name
Of small begynnynge is nowe made excellent
Rome hath also farre sprede abrode hir fame
Thoughe it were byldyd (as lerned men assent)·
Of symple Shepherdes pore and innocent
O what a Cyte, and what a se royall
Hath had first name of pore men and rurall

Where as the cursyd hunger of ryches
Hath oft these Cytees destroyed and lost agayne
Hath nat the Romayns byd oft great wretchydnes
And for Couetyse oppressyd in great payne·
For the same vyce Cartago hath certayne
Suffred ruyne by fortune myserable
Where as puerte brynges men to ende laudable

Alas why Coueyt we so faruently
Exces of ryches as men myndles and blynde
Syns it so many hath brought to mysery
Yet ryches gotten is vnsure as the wynde
Dyd nat proude Cersus therby destruccion fynde
Endynge in payne great wo and wretchydnes
By the immoderate and lewde loue of ryches

Wherfore let men of eche sort of degre
Loue pouertye as thynge moste commendable
For suerly ryches is nought but vanyte
Rulyd by chaunce vncertayne and vnstable
And to the Hauer oftentyme damnable
For a ryche man settynge theron his mynde
Shal into heuen right hardly passage fynde

THENUOY OF BARCLAY.

Withdrawe your myndes men from to great ryches
Set nat your thought vpon vnsure treasour
Rede howe the Gospell examples doth expres
Of the pouertye of Christe our sauyour.

Thoughe he of all was lorde and creatour
And seconde parsone of the holy Trinite
Yet he for vs hath suffred great dolour
And in all his lyfe wylfull pouerte.

Wherfore blynde man make clere thy ignoraunce
Take here example by god omnypotent
Holde thou thy selfe content with suffysaunce
Voluntary scarsnes is a vertue excellent
That folowed the fathers of the olde testament
And also the discyples and Apostles in the newe
But to pouertye thoughe thou wylt nat consent
Than kepe thou mesure, and couetyce eschewe

Of them that begyn to do well and con-
tynue nat in that purpose.

Vnto this Plough of Folys many ren
Begynnynge to labour with dylygence and payne
But they wyll nat contynue longe therin
But shortly after cast of theyr worke agayne
No maruayle. for so volage is theyr brayne
That without reason they gyue moche gretter hed
As wytles Folys the bare Coko do fede

First whan the Carle takys his ploughe in honde
He is so besy therwith and dylygent
As if that he wolde Ere out his londe
Vpon one day or he leue of, or stent
To the first labour men ar lest insolent
But I shall tell the if thou gyue audyence
Of this my meter what is the chefe sentence

Some men ar lyuynge that for awhyle begyn
To lyue well ynoughe and outwarde represent
For to contynue in good lyfe without syn
Entrynge the way of vertue excellent
But shortly after chaungyd is that intent
They come nat vnto the top of the Mountayne
Wherin is vertue and good moste souerayne

These ar those Folys that taketh hastely
The ploughe in hande, as for a cours or twayne
And than agayne it leuyth by and by
These well deserue for theyr vnstable brayne
In our lewde barges for to be put to payne
And besy labour, and alway to trauayle
To rowe our barges and hye to hawse the sayle

The wyse man in descripcion of vertue
Hath set the same on the hyght of a hyll
Whiche vnto heuen a certayne way doth shewe
To suche men as with theyr full myndes wyll
To that hyghe top theyr hole iourney fulfyll
But to this hyll, fewe ar that go forwarde
But many thousandes wolde clymbe therto bacwarde

They ar suche that set all theyr hole lykynges
On ryches pleasour and euery dedely synne
And onely muse on these lowe worldly thynges
As if man myght hye goodnes by them wynne
Whiche haue no grace nor vertue them within
These men that ar of mynde thus varyable
To the children of Israell ar moste comparable

Whiche whan they were delyuered of destres
And out of Egypt, and past that cruell payne
By hande of moyses, suche was theyr wylfulnes
That oft they wysshyd that they were there agayne
And all for hunger of one day or scant twayne
They rather wolde vytayle in sore captyuyte
Than with small penaunce, haue plesaunt lybertye

These worldly thynges to Egypt I compare
Wherin mankynde abydeth in bondage
Oft by his foly suffrynge great payne and care
But whan theyr mynde is red from this outrage
And they delyuered, and all theyr hole lynage
Forsakynge the worlde, for vertue moste souerayne
Than for small hardnes anone they turne agayne

Alas these people of myndes ar so rude
That they had leuer be in captyuyte
Of Faro the Fende, and his blynde seruytude
Than in Christis seruyce lyuynge in lybertye
But though the way of Christis seruyce be
Harde to be kept by blynde and frayle mankynde
Parseuer, and thou shalt a Crowne in heuen fynde

But many (alas) retourne agayne to vyce
And bacwarde agayne go to theyr olde offence
And he that the seruyce of god dyd exercyse
In mekenes vertue and lowe obedyence
Is fallyn nowe to all inconuenyence
Alas the state of them is moche vnsure
Whiche chaunge good for yll agayne nature

The quakynge seke in bed lyenge prostrate
Halfe dede halfe lyuynge, by some mortall wounde
And of all his myghtis of manhode clene pryuate
Can nat be hole, but if plasters be bounde
Vnto his grefe to clens it by the grounde
Purgynge it by suche playsters mundifycatyue
And than it closynge by playsters sanatyue

And corrosyues, somtyme he must endure
To purge that flesshe whiche is putrefyed
Kepynge and obseruynge good dyet alway sure
But by this way whan his payne is modefyed
His wounde nere hole, fresshe and claryfyed
Withdrawe he his playsters for a day or twayne
His sore reneweth and rottyth than agayne

And oft becomyth wors than it was before
Corruptynge the flesshe and skyn on euery syde
Right so it fortunes by a gostely sore
In vertue we ought perseuerantly abyde
Whiche to the heuenly regyon shall vs gyde
It nought auayleth thyself to boste and cry
That thou haste somtyme lyued rightwysly

It is nat ynough from vyce the to defende
One day or twayne or onys to haue done well
But that man that contynuys to the ende'
Shall neuer nede to fere the paynes of hell
For it expressed is playne in the gospell
Who that perseueryth in vertue and in grace
To his last ende, in heuen shall haue a place

Therfore I pray, and humbly you beseke
Lerne good and vertue, and be therin actyfe
Nat onely for one day nor yet one weke
But it contynue the dayes of all your lyfe
Thynges thus begone, of man, childe, mayde, or wyfe
Ar moste acceptable to god our sauyour
And nat to do well, and leue within an hour.

TENUOY OF BARCLAY.

O youth full frayle blynde youth I say agayne
In thy tendernes stody thou to begyn
To serue thy maker in vertues souerayne
And se thou surely rote thy self therin
That thou the neuer pollute with dedely synne
And if thou fall agayne ryse hastely
Than shalt thou sothly heuen obtayne and wynne
If thou perseuer and so lyue stedfastly.

Of folys that despyse deth makynge no prouysion therfore.

O cruell deth, o fury fauourles
So fyers art thou of loke and countenaunce
That thou nought sparest vertue nor ryches
Beauty nor byrth, strength nor valyaunce
Eche creature thou bryngest to vttraunce
Thou shewest none his season nor his tyde
So is he vnwyse that wyll the nat prouyde.

O Brether in Christ conioyned by byleue
Our blynde presumpcion doth vs sore abuse
Trust of longe lyfe our soules oft doth greue
We haue playne warnynge and yet we it refuse
Vnwarely we wander, and no thynge we muse
On deth : but despyse his furour intretable   .
Whiche sure shall come, though tyme be varyable

Man dye thou shalt : this thynge thou knowest playne
But as for the tyme, howe, where, and whan
These ar and shall be kept vncertayne
Fro the, and me, and almoste from euery man
Thus dye thou must prouyde it if thou can
We all must therto, olde, yonge, yll and goode
Our lyfe styll passyth as water of a flode

Ly, stande, or go, ete, slepe, or drynke
Or in what so euer thynge thou the exercyse
Yet deth cometh thoughe thou nat theron thynke
But for that we dye in suche varyable wyse
Thou this day : if suche a chaunce doth ryse
Thy neyghbour shall folowe outher first or last
Therfore on hope all men theyr myndes cast

On hope to lyue set mortall men theyr mynde
Thoughe they be seke yet thynke they nat to dye
So this vayne hope doth them disceyue and blynde
If deth them stryke in that infirmyte
Ye and also we often tymes may se
That deth is lyke to men opprest in age
And to yonge children and men of hye corage

Thy ernest is layde, the bargen must abyde
It may nat be broke, but where as synne doth growe
And a pore wretche in vicious lyfe mysgyde
Suche wretches thynke that deth is neuer to slowe
And many one in vyce habounde and flowe
Alway thoughe they that dye in synne mortall
(As Dauyd sayth) dye must rufull deth of all

Deth is (as I haue sayd) so intreatable
That all he consumeth, as his wyll doth aply
Thoughe one in beauty be incomparable
In strength or riches, thoughe god hym magnyfye
It nought auayleth : at last yet must he dye
Prolongyd is no tyme, if furour the submyt
Of cruell deth, thou must obey to it

Thy strength decays, and thy breth wexeth short
Thy vaynes labours, and be somwhat colde
Thy body wexeth styf without comfort
Anone thy beauty pleasaunt, semeth olde
Thy vysage chaungynge by lokes manyfolde
Somtymes Pale with colour chaungeable
Somtyme as lede, from deth scant varyable

Thy herte quaketh thy vaynes lesyth myght
Corrupt blode doth thy colour putryfye
Thy throte hurtlyth, thy wordes, and thy syght
Theyr naturall offyce shall vnto the denye
With suche passions all mortall men shall dye
For lyfe shall fayle whan deth shall take his place
No man of lyfe can charter here purchace

O deth howe bytter is thy remembraunce
And howe cruell is it thy paynes to indure
To them that in erth settyth theyr plesaunce
On wretchyd ryches, vnstable and vnsure
And on vayne pleasours : yet euery creature
Must from this riches (though they be loth) depart
Whan deth them woundeth with his mortall dart

It is thynge Folysshe to trouble and encomber
That man that restyth and slepyth quyetly
His tyme was come, and we in the same slomber
Shall be opprest : god wot howe sodaynly
We all must therto, there is no remedy
It hath to many ben profyte, and gladnes
To dye or theyr day to auoyde this wretchydnes

And ende the myseries, and labours of this lyfe
And many one as wery of this short lyfe and payne
Them selfe hath murdred with theyr owne hande and knyfe
And some with poyson also them selfe hath slayne
With snare, with water or with some other trayne
The cause why they them selfe haue thus destroyd
Was worldly payne and mysery to auoyde

Yet better were it lyue a lyfe myserable
Than thus to dye, yet so haue nat they thought
But naturall deth to some is profytable
To suche as therby out of bondage ar brought
And paynfull Pryson, In all the worlde is nought
Concernynge payne, dole wo and mysery
But that deth fyndeth therfore a remedy.

Deth with his fote doth worldly thynges tred
O howe many that hath ben in captyuyte
And bytter Pryson doth deth clene quyte and red
By it all fetters and Chaynes lowsyd be
All worldly tourment all payne and cruelte
Is red by deth: and they that sholde haue bene
In payne contynuall, by deth ar quyted clene

Deth is delyuered, and from fortune lyberall
It tourneth downe the Castels and the toures
Of kynges Prynces and other men royall
With lyke cruelte of payne and sodayne shoures
As pore mennys howsis lyuynge in doloures
For deth hym selfe behaueth in one rate
And in lyke mesure to begger and estate

And thoughe that fortune cruell and vniust
Exalt yll lyuers and rightwyse men oppres
Deuydynge honour and ryches where hir lust
Deth all the same doth order and redres
With egall payne by weght of rightwysnes
There is no prayer, rewarde, nor myght that may
Of deth prolonge one houre of the set day

This dredfull deth of colour pale and wan
To pore and ryche in fauour is egall
It spareth neyther woman childe nor man
But is indifferent both to great and small
For as sayth Flaccus, Poet heroycall
With one fote, it stryketh at the dore
Of kynges palaysys, and of the wretched pore

It caryth nought for Pryde, ne statelynes
Nor myght, as we se oft by experyence
It is nat peasyd with treasour nor ryches
With cunnynge of Retoryke ne glosyd eloquence
To Pope and Begger it hath no difference.
With throte lyke wyde on echone doth he gape
None can his clawes auoyde, fle, nor escape

Yet he nat grauntyth to any creature
As symple man great Lorde or Prynce souerayne
Of dethes hour, to be stedfast and sure
To euery man his comynge is sodayne
Except to them that ar condemned playne
Whiche by theyr foly lewdely prouoke theyr tyme
By theft or murder or ellys some other cryme

It maketh no force: there is no difference
Whether thou dye yonge or els in extreme age
For this is sure eche creature shall hense
Both state and Begger shall pas the same passage
Lyue an hundryth wynter increasynge thy lynage
Yet to thy lyfe deth, ende shall set and gyue
But fewe ar that nowe one hundreth wynter lyue

And than at last: whether he by lefe or lothe
His wretchyd Carcas shall the voyde graue fulfyll
And many one also to his ende gothe
(As wery of his lyfe) at his desyre and wyll
No man hath fauour (of deth) to byde here styll
The father dede: the sone shall after hastely
And oft dyes the sone before the Father dye

One after other, out of this lyfe we shall
Syster and brother, neuewe syre and dame
Tyll at the last from lyfe we gone be all
And the elementis pourgyd by fyry flame
To mourne for deth therfore thou art to blame
Or crye for the dede, and dolefully to wepe
Thy cryenge (fole) shall nat wake hym of that slepe

Thynge worldly that to man is delectable
This deth disdaynes, ne no commaundement
Can turne nor fere hym : his promys is so stable
His cruell daunce no man mortall can stent
Nor lede his cruell cours after his intent
The pope nor Emperour, if they be in his hande
Hath no maner myght his sore cours to withstande

The bysshop, lorde, the Pore man, lyke a state
Deth in his daunce ledyth by the sleue
He oft causeth men them self to fatygate
And wery in his daunce, longe or they wolde byleue
But thoughe his besy coursys doth them greue
He gyuys no space to man to stande nor syt
But sue the trompe tyll he come to the pyt

There neuer was man of so great pryde ne pompe
Nor of suche myght, youth nor man of age
That myght gaynsay the sounde of dethes trompe
He makes man daunce and that without courage
As well the state as man of lowe lynage
His cruell cours is ay so intretable
That mannys myght to withstande is nat able

Whan thou art dede, what profyte or auayle
Hast thou in toumbes hye ryche and excellent
That Corps that lackes all suche gay aparayle
Shall be ouercouered with the fyrmament
The blynde, Arthemisia yet was of this intent
A sumtuous toumbe and ryche to edefye
By vayne opynyon hir name to magnyfye

This toumbe was shynynge with syluer and pure golde
So gayly couchyd and set with precious stone
Alayd with asure and coloures manyfolde
That of the seuen wonders of kyngdomes echone
That ar vnder Son : that rekened is for one
Yet this gay tombe abyll for any kynge
To hir pore soule profyted no thynge

Chemnys also as dyodorus sayes
Byldyd a speere hye and wonderous
To bere remembraunce of his tyme and dayes
This speere was costely dere and sumptuous
And of quantyte so great and marueylous
That a thousande men and. iii. hundreth fulfyde
In twenty yeres coude it skantly bylde.

The brother of the sayd chemnys in lyke wyse
Brought all his Royalme vnto pouertye
Whyle he another lyke speere dyd deuyse
For his vayne toumbe, so that his comonte
And other workmen after one degre
Were longe compellyd in this worke to ete
Herbys and rotis for lacke of other mete

One Rodopis callyd by suche a name
Byldyd suche another vayne sepulture
The riche Amasis also dyd the same
But what was this, els but a vayne pleasure
It is great Foly to any creature
To make so great expences and trauayle
About vayne thynges that ar of none auayle

So great expences, suche Folysshe coste and vayne
Is done on toumbes and all by pompe and pryde
That this my shyp can it scarsly contayne
But the soulys helth (alas) is set asyde
Whiche euer sholde lyue and without ende abyde
And the caryon and fylth : is magnyfyed
By suche vayne toumbes that nowe ar edefyed

Beholde a toumbe and precious sepulture
Thought it be gay : aduyse what is within
A rottyn caryon vyler than all ordure
By this proude toumbe the soule no welth can wynne
But is Damnyd if the body dyed in synne
So is it Foly great coste and vanyte
To vse in Toumbes suche curyosyte

Euery grounde vnto god is sanctyfyed
A rightwyse man that well doth lyue and dye
Shall in hye heuen in soule be glorifyed
In what euer grounde his wretchyd Carcas lye
But where a toumbe is byldyd curyously
It is but cause of Pryde to the ofsprynge
Helpynge the soule right lytell or no thynge

THENUOY OF BARCLAY.

Man kepe thy body from synne exces and cryme
And if thou fall aryse shortly agayne
Be euer redy, prouyde thy deth by tyme
For dye thou shalt that one thynge is certayne
And oft deth stelyth on man by cours sodayne
He warneth none, but who that dyes in syn
Dyes worst of all, and sure is of hell payne
Thus is it peryll longe to abyde therin

Vnto an Archer deth may I well compare
Whiche with his dart stryketh somtyme the marke
That is last age delyuerynge them from care
Of mundayne thought, and payne of worldly warke
Somtyme he shotyth ouer: as he were darke
Of syght, and somtyme to short: or els asyde
But well is hym that takyth thought and carke
At euery season his dartis to prouyde.

Of Folys that despyse god.

Whan that man synneth or therto doth assent
Thoughe god be of moche mercy and great pacience
Suffrynge hym escape without punysshement
And often is nat hasty to punysshe eche offence
Yet thou blynde Fole voyde of all prudence
He gyueth nat the his berde to draw and brast
For euery synne he punyssheth first or last.

What man myght suffer with mynde pacient
These folys that stryue agaynst theyr creatour
With wordes despysynge our lorde omnypotent
And hym denyenge as nat theyr gouernour
Both day and nyght increasynge theyr errour
All goddes preceptis these folys thus confounde
With vicious wordes whiche doth theyr soules wounde

They vtter wordes, full of all folysshenes
Agaynst the Father of heuen they hym nat drede
No more than he were, of no myghtynes
Lyke to mankynde, or come of mannys sede
Of his great power they haue no fere nor hede
Nor yet aduertyce his rightwyse iugement
Ne that yll doers ar worthy punysshement

What menest thou by god the Father eternall
Howe takest thou hym, howe countest thou his lawe
Whiche by thy presumpcion foule and infernall
Dare be so bolde his berde this wyse to drawe
By his hye myght thou countest nat a strawe
And than whan god, by mercy and pyte
A whyle the suffreth for thy dede to go fre

And doth nat punysshe this synne in contynent
Therfore thou thynkest that god hath pardoned the
Bycause the lyghtnynge or thounder vyolent
And other tempestous stormes whan they be
Ouertourneth downe an oke or other tre
And suffreth the and thy hows to be vnbrent
Thus thynkest thou : the pardonyd by god omnypotent

O people of cursyd hope and confydence
What ioy haue ye : or what a lewde delyte
Without amendement alway to sue offence
And more to offende, bycause ye haue respyte
Is godes Iustyce (thynke ye) decayd quyte
Nay god is more rightwyse than creature terrene
All thynge he seys, no thynge can stop his iyen

Thynkest thou that thy lyfe shall euer endure
That thou mayst haue longe tyme our lorde to pray
And in thy last age of pardone to be sure
O fole vnrulyd lay this lewde mynde away
Trust nat to lyfe, for vnsure is thy day
We all must dye : but he that styll doth syn
In hope of longe lyfe he often dyes therin

God suffreth the oftymes to offende
And folowe thy wyll and sensualyte
To proue if thou thy lewde lyfe wylt amende
Expellynge thy carnall and blynde fragilyte
But if thou contynue in thy iniquyte
The more space that thou hast had before
Thy payne and tourment shall after be the more

Alas suche ar infect with great offence
That thus on synne infix alway theyr mynde
They haue no wysdome grate, goodnes, ne prudence
But kepe theyr herte in darke errour and blynde
That to true byleue it no thynge is inclyned
Whan synfull errour is set in theyr intent
They god despyse, and his commaundement

These folys in maner nought care for goddes myght
Whiche by his worde hath made eche element
The sonne : the mone, the derkenes and the lyght
The day, the nyght, the sterrys and firmament
Whiche knowys all tymes eche hour and eche moment
Both the tyme past and tyme that is to come
Our lyfe and deth he knowys by his wysdome

O man myserable : o wretchyd creature
Sholdest thou agaynst thy souerayne lorde rebell
Whiche to thyntent : that thou sholde nat endure
Eternall deth. sende to tourment cruell
His onely son to red thy soule fro hell
The whiche also with his blode hath the bought
Therfore loue hym, and turne this frowarde thought

Thou art nat so redy to gyue the to penaunce
And to set thy mynde on vertue parfytely
Forsakynge thy synne and olde mysgouernaunce
But god is als redy to take the to mercy
Thus mayst thou thynke both sure and stedfastly
That if thou for thy synnes mourne and wayle
God shall the here, and quyte the thy trauayle

But who that hath herte harde in suche a wyse
And rotyd in suche malyce and furour
That by the same by worde he dare despyse
His god, his maker, his helth and sauyour
By synne, contempt or lyuynge in errour
Suche (but if he chaunge his intent)
Is damnyd, to endure infernall punysshement.

THENUOY OF BARCLAY.

O people proude, and of goodnes ignoraunt
Enclyne your myndes sore blyndyd by offence
Mollyfy your hertis that ar harde as adamant
Expell ye this pryde and stately insolence
Presume ye no more in worde, nor conscience
Your lord, defender, and maker to despyse
For who that doth, shall outher here or hence
At last be rewardyd, and that in ferefull wyse.

Of Blasphemers and sweres of the name of god, and of his Sayntis.

Nowe commyth to cours to wryte of the errours
Of men abhomynable, of women mayde and childe
Whiche agaynst Christ ar newe tourmentours
His skyn terynge, wors than Iowes it defylyd
O man myscheuous by whome Christ is reuylyd
Thou worthy art to dye in soule and in body
That Iuge that it suffreth sore shall it abye.

O Myrthles myse of eloquence barayne
Cast out thy terys and mourne without mesure
For from sore waylynge my selfe can nat refrayne
Nor as I thynke none erthly creature
Consyderynge howe men in malyce them inure
If there were reason within harde stele or flynt
From carefull terys I wot they coude nat stynt

If beste had reason, wyt, or mannys brayne
To note and aduyse mannys mysgouernaunce
Without all dout I thynke it wolde complayne
For mannys synne, and wylfull ignoraunce
Therfore all ye that haue wyll and pleasaunce
To rede of the Folys of this iniquyte
Expell hye corage, and than come wepe with me

For certaynly, I trowe no man coude wryte
The vyce nowe vsed, agaynst all ordynaunce
Nor yet that rede, whiche other men indyte
Without sore waylynge, and terys in habundaunce
For well I wot my herte is in greuaunce
Whan I consyder and wryte, thus wyse of syn
Seynge howe the worlde defylyd is therin

But though I haue had great dilygence with payne
Before this, to blame blynde Folys abhomynable
Yet this my labour almoste was tane in vayne
For none to this present sort ar comparable
These folys in theyr dedys ar so detestable
That all synne and vyce vnder the firmament
Theyr vicious hertis can nat pleas nor content

Yet seke they wors : agaynst our lorde aboue
By theyr yll tunge they tourment newe with payne
And though he onys dyed in erth for mannys loue
These caytyfs hym tourment nowe in heuen agayne
These folys (with newe sperys) set theyr brayne
To wounde, our lorde, whiche, can do hym no grefe
Sane that he seyth man seke his owne myschefe

Agaynst Christ they cast and throwe great othys ,
Blasphemynge agaynst dyuyne commaundement
Wordes of Enuy whiche god almyghty lothys
They throwe agayne hym as trayters vyolent
O cursyd creatures, with armour impotent
That lorde that dyed to red them out of payne
They haue good wyll to tere his herte agayne

The one blasphemys by christis hede and brayne
Grutchynge and grennynge for symple thynge or nought
Another Caytyfe, or myscheuous vylayne
By all his holy membres, to swere hath lytyll thought
Another by the blode wherwith he hath vs bought
His Face his herte, or by his crowne of thorne
Wherwith (for them) his skyn was rent and torne

Another out vomytis wordes execrable
Agaynst our lordes holy woundes fyue
His handes his fete and his crosse venerable
Wheron he dyed to make mankynde a lyue
That fole that grettest othes can contryue
Blasphemynge god, men hym moste magnyfye
Thus newe agayne our lorde they crucyfye

O cruell Caytyfs tyrantis and tourmentours
O blynde blasphemers, o men brought vp in vyce
O ye fals folowers, and inherytours
Of the cruell Iowes myschefe and malyce
To moche immoderate madnes doth attyce
Your myndes amasyd by othes to tourment
The sayntis of heuen : and god omnypotent

O ye blasphemers : o tourmentours vnkynde
Alas what mean ye your maker thus to tere
Syns in the Gospell we playnly wryten fynde
That no creature lyuynge ought to swere
By ought that god made, no nat by a here
Of his owne hede, our othes ought to be
(As christ vs techyth) onely (nay) and (ye)

But nowe in our othes is god omnypotent
With all his membres and sayntis euerychone
All that god made, and euery sacrament
The fere of payne (alas) is from vs gone
Our hertis harder than flynt or marbell stone
Alas we tere our Lord that hath vs bought
By our blasphemynge, and that for thynge of nought

The tables, tenys, cardis, or the dyce
Ar chefe begynnynge of this vnhappynes
For whan the game wyll nat well aryse
And all the players troubled by dronkenes
Than suche Caytyfs as ioy in this exces
At eche worde labour our sauyour to tere
With othes abhomynable whiche they vngoodly swere

Alas these folys repute it but a game
To cast suche wordes agayne theyr creatour
Them selfe forswerynge, blasphemynge christis name
And he that is moste gyuen to this errour
Is nowe reputyd moste worthy of honour
He shall no rule in court nor kechen bere
(As this tyme goys) but he can crake and swere

The yonge (alas) this vyce doth here and lere
With stody intentyf, and parfyte, aduertence
Of suche as ar olde : to blaspheme, and to swere
The name of god without all reuerence
In so moche that they thynke it none offence
To swere the holy Masse, that othe is nowe so ryfe
In mouth of man, mayden childe and wyfe

It was onys ordeyned by constytucion
As I haue harde, that both symple men and hye
Sholde onely swere by that occupacion
The whiche theyr Faders dyd vse and occupy
But nowe eche sweryth the Mas comonly
Whiche is the prestis seruyce and besynes
So mennys others theyr Fathers doth expres

Alas no honour, laude nor reuerence
Is had nowe vnto that blessyd sacrament
But boyes, and men without all difference
Tere that holy body of god omnypotent
As it were iowes to his passion they assent
In euery bargayne, in ale hous and at borde
The holy Mas is euer the seconde worde

And than these houndes can suche excusys fynde
As to theyr soules without dout ar damnable
Saynge it is gode to haue the masse in mynde
And the name of god, and his sayntis honourable
O erytykes. o houndes abhomynable
That is a thynge whiche god almyghty lothys
To take his name in thy foule mouth by othys

Yet doest thou so, there is no maner place
Nor no order or state that of this vyce is fre
For whiche (alas) god hath withdrawyn his grace
And oft vs chastyth with plage of cruelte
With dyuers dethes, and moche aduesyte
For this vyce, Iuges ordayne no punysshement
Therfore is it punysshyd by god omnypotent

With tempest thunder, lyghtnynge hete or colde
With murder by pestylence or els by some batayle
And sore diseasys, and paynys manyfolde
We oft by hunger haue cause also to wayle
The corne destroyed by wynde lyghtnynge or hayle
Of suche punysshement we wretchys worthy be
For god suffreth nat our synnes to go fre

Sennacheryb as the bybyll doth expres
Nychanor and fyers Antyochus also
Hath shamely dyed for this vnhappynes
Nat only they : but many thousandes mo
And in our dayes I fere lyst payne and wo
Be to vs sende by ryghtwyse punysshement
For swerynge in vayne, by god omnypotent

O father almyghty our god and creatour
In thy hye maiesty syttynge in thy trone
With blessyd Iesu thy sone our sauyour
And o holy goste whiche ar thre in one
O god graunt thy grace to this our regyon
Pardon vs synners differ thy vengeaunce
Thoughe we deserue it by our mysgouernaunce

O glorious godhed of mercy infynyte
Consyder howe mankynde is prone alway to vyce
Graunt vs good lord layser and respyte
Out of our slombrynge sinnes to aryse
Let thy great mercy excell thy hye iustyce
For if thy iustyce sholde put vs to vttraunce
We sholde be damnyd for our mysgouernaunce

If thou good lorde denye vs to socour
On whome may we wretches for socour cry or call
Alas on none, therfore let our errour
And synfull dedes clene from thy presence fall
Brynge vs vnto thy realme celestyall
Where in thy presence we may set our plesaunce
And so haue pardon of our mysgouernaunce.

THENUOY OF ALEXANDER BARCLAY.

Alas ye swerers mourne, for ye haue cause
Wasshe ye away your synne with syghes depe
For if I sholde vtter my mynde in one clause
I say your vnkyndnes causeth me to wepe
What god hath done for you ye take no kepe
But tere his body by swerynge hym in vayne
Thoughe he as a good Shepherd, dyed for his shepe
That is for you, yet wolde ye hym sle agayne

Alas blasphemer, of christ thou hast the name
And callyd art christen, so made by sacrament
But sothly that name is to thy vtter shame
Syns thou thy god, and sauyour dare tourment
O iuges iuges ordayne ye punysshement
For eche blasphemer wors than is an hell hounde
For if ye do nat our lorde omnypotent
Shall vs with our synnes by right iustyce confounde

Of the plage and indignacion of god, and folys that fere nat the same.

Some folys meruayle and thynketh it great wonder
Whan god vs stryketh for our yll and offence
With tempest, hete, sekenes, lyghtenynge or thunder
Hunger or colde, outher sodayne pestylence
But certaynly his hye magnyfycence
Vs worthely punyssheth for our iniquyte
For vertue alas is gone from eche degre.

O folys abusyd whome foly doth diffame
Say what auauntage what profyte or what mede
Is it to you to haue christis name
Whan ye nat folowe his lyfe in worde nor dede
Of his preceptis alas we take no hede
Yet we repute vs condigne in our corage
To be callyd christen, and christes herytage

Who that in vyce his dayes doth meyntayne
May bere the name of christ our sauyour
But than his name he chalangeth in vayne
And tyll he amende led in a blynde errour
So we (alas) often forget our creatour
Abusynge and brakeynge his hyghe commaundement
Nat carynge the decrees of faders auncient

We take christes name, but his doctryne we deny
And from his way (alas) we sore declyne
And to all ylles our myndes we aply
Whiche often doth vs brynge to perelous ruyne
We ioy of the name, and the true fayth deuyne
Trustyng therby to eschewe euerlastynge payne
But godly workes we abhor and disdayne

Iustyce and hir lawes ar banysshyd from eche place
Mysrule amasyd hir braunches doth extende
All vertuous doctryne away from vs we chase
Thus goth the worlde aprochynge to the ende
Our fayth oftyme doth from hir chayre discende
She is nat so parfyte as she in tyme hath be
Nor yet hir two systers hope and charyte

Alas we dayly without all drede commyt
Moche cursyd vyce somtyme by ignoraunce
Somtyme by malyce, somtyme for lacke of wyt
As wors than the turke, in our mysgouernaunce
Thus dame mysrule so ledes vs in hir daunce
That our blynde youth with to moche lybertye
Subdueth our bodyes to all enormyte

So all mankynde with vyce is violate
Both yonge and olde stronge feble and ympotent
The ryche, the pore, the vylayne and estate
That they rebell agaynst our lorde omnypotent
Howbeit our lorde as a father pacyent
Sayth man if thou my lawes kepe and loue
I shall the lede to my hye Royalme aboue

But if thou by malyce selfe wyll or neglygence
Dispyse my lawes reputynge them but vayne
Thou shalt nat escape ay fre for thyne offence
Without correccion punysshement and payne
Yet we blynde men of these wordes haue disdayne
To this great promes alas we nought intende
Ne labour nat our errours to amende

Suche is our foly we thynke nat to amende
But styll procede in our olde mysgouernaunce
We ar so blyndyd we note no thynge the ende
Wherfore our lorde, by Iustyces balance
Of suche offenders oft taketh vengeaunce
With dyuers plagis, and punysshement terryble
As pockes, pestylence, and other yll horryble

Though mercy sauour, yet god of his iustyce
With dyuers plages sundry sorys and sekenes
And dredfull dolours punyssheth vs for vyce
Suche is the order of his hyghe rightwysnes
Whan men contynue in theyr vnhappynes
His swerde of vengeaunce vpon them to extende
And that namely whan they wyll nat amende

Cruell Mars somtyme vs thretenyth with batayle
Somtyme our bodyes infect with pestylence
The corne somtyme distroyed with rayne or hayle
Than hunger men consumyth without all difference
This worthely we indure for our offence
With sore diseasys that neuer were sene before
But yet our synnes increasyth euer more

Somtyme our fode with hete is all to brent
Somtyme by colde abyde we moche payne
Some hath with thunder theyr bodyes all to rent
Now frost, nowe snowe, lyghtenynge, tempest, or rayne
Some with thunder boltis theyr bodyes smyt in twayne
Some murdred, some hanged some hedyd, some drownde
And all for offence, and synne done on the grounde

The dyuers dethes whiche dayly we indure
And dyuers chaunces whiche dayly on vs fall
I trowe there is none erthly creature
That hath the brayne to comprehende them all
Though that his dayes were nere perpetuall
And often se we tokens of ferefull punysshement
By sygnes and sterres of the clere fyrmament

We ought these paynes with mekenes to indure
And nat to grutche therfore, nor god to blame
For our lewde lyfe forsoth doth them procure
And for our synnes ar we worthy of the same
Some nacions haue ben dryuen out in shame
From theyr owne londe wandrynge in payne and stryfe
Whiche sothly was for theyr disordred lyfe

Wherfore thou man thynke sure in thyne intent
That synne accostomed, by order of iustyce
Of god aboue, cryeth for punysshement
Other here or els in hell : for euery vyce
Hath suche rewarde, wherfore let vs be wyse
And shortly amende our olde mysgouernaunce
Lyst god rightwysely take on vs vengeaunce

BARCLAY THE TRANSLATOUR.

O man clere thy syght, beholde thy owne offence
And mende for the loue of god omnypotent
For if thy synne stynke alway in his presence
Iustyce shall nat let the auoyde his punysshement
And though mercy be nat to the moch vyolent
Nat suffrynge vengeaunce shortly on the to fall
Yet mende betyme be nat ouer neglygent
Beware the ende for that oft payth for all.

Of folysshe exchanges scorsynges and permutacions.

Who that hath a nedy iourney for to ryde
And for a bagpype his hors wyll sell. playnly
He is a fole and lewdly doth hym gyde
And no auauntage shall he obtayne therby.
So hapnyth it to hym moste comonly
Whiche for frayle pleasour of one day or twayne
Forsaketh heuen, sure of euerlastynge payne

Some Folys yet shall of a rowme be sure
Within this shyp a lowe or els a hye
Suche ar they that greuous charges wyll indure
Subduynge theyr bodyes to labour besely
Theyr shulders with burthyns chargynge heuely
In worldly curys sore labourynge in vayne
Therby hereafter to byde infernall payne

They laboure here so sore for wretchyd goodes
That whan theyr body departyth from this lyfe
Theyr soule is plungyd in infernall flodys
So what auayleth them to be so actyfe
In worldly labour, so thoughtfull or pensyfe
Here in this erth all other to excell
And after toren by cruell houndes of hell

He that here labours in erth for frayle ryches
Suffreth more sorowe and payne contynually
Than he that lyueth alone in wyldernes
And hym in goddes seruyce doth aply
Abydynge in fastynge, and praynge deuoutly
So worldly wretchys (as it apereth playne)
Take here sore labour to wynne euerlastynge payne

Who that serueth god with parfyte dylygence
Shall in this lyfe auoyde moche worldly wo
And be rewardyd in heuen whan he goth hens
Where as he that serueth this worlde shall nat so
Yet of this sort fynde we right many mo
That to haue ryches all besynes employ
Rather than to get in heuen eternall ioy

Mysrule, wast, falshode, and also couetyse,
With other vyces as pryde or statelynes
Vs sorer labours causeth to exercyse
Than vertue doth : or godly holynes
For them fewe men wyll take great besynes
Easy is the way to vyce and men are prone
To folowe that cursyd way almoste echone

Before our syght it dayly apereth playne
What great labours, what charge and besynes
Proude people indure theyr pryde for meyntayne
With dyuers garnamentis presentynge statelynes
Onely on clothynge bestowynge theyr ryches
Suche set all vertuous besynes asyde
And onely labour for to meyntayne theyr pryde

.Somtyme suche dare set theyr lyfe in ieopardy
Nat ferynge Iustyce, but the lawe to violate
For to meyntayne theyr statelynes therby
By proude apparayle, nat mete for theyr estate
Right so Couetyse after lyke maner rate
By ardaunt desyre of hir blynde iniquyte
Draweth men to peryls both of londe and se

To dyuers peryls men boldly them subdue
In hope frayle ryches to purchace and obtayne
But for the loue of goodnes or vertue
Right fewe or none wyll put them selfe to payne
For money man sayles the troublous se of spayne
And moche of the worlde he compasyth about
Of ieopardy and peryll without all maner dout

Who that by couetyse is drawen and opprest
Is neuer at eas ne quyetnes of mynde
By nyght nat takynge slepe ne naturall rest
With fyry ropys this fury so doth them bynde
They fere no flode, no colde, tempest, or wynde,
There is no labour nor colde that can them dere
The hunger of golde them maketh without fere

O man commyttynge thy lyfe vnto the streme
Alas note well thy desyrous vanyte
Howe thou the auenterest in holowe beame
To pas the see in contynuall ieopardye
And all this thou doest of gode to haue plentye
But for the loue of god thy creatour
Thou skarsly woldest endure a symple shoure

Some for vayne ryches folowes another vyce
Watchynge by myght in wynter sharpe and colde
To encreas his purse, by cardes or by dyce
There syttynge in paynes and peryls manyfolde
Such sle them selfe longe tyme or they be olde
And waste theyr youth without all auauntage
Theyr soule submyttynge to Lucyfers bondage

What shall I say or of the maners wryte
Of dronkardes or glotons Whiche without mesure
Onely in theyr wombes set theyr hole delyte
Corruptynge and chargynge them self beyonde nature
So whan the body can nat suche rule indure
Theyr lyfe they ende and oft by deth sodayne
And for this labour rewardyd with hell payne

What shall I say of the paynfull fantasy
Whiche he abydeth and suffreth day and nyght
Whiche for his wyfe taketh thought and ielowsy
Hir alway ferynge, thoughe she be in his syght
Howe by those Folys whiche settyth all theyr myght
By force of Armys to be Uenus champyon
Rather than to wyn the heuenly regyon

What shall I wryte of the mad mysgouernaunce
And vayne labour whiche men vpon them take
Some watchynge in reuell and some to ren and daunce
Some for worldly pleasour both day and nyght to wake
But nought wyll we suffer for god almyghtyes sake
In whose seruyce we rest at ende myght fynde
We labour here for deth as bestis blynde

We seke our destruccion : for symple ioy mundayne
Our myndes ar so blynde : and we so prone to yll
That heuen we chaunge for euerlastynge payne
In good workes haue we no pleasour nouther skyll
Deuyne preceptis we seldome tyme fulfyll
Banysshyd is vertue decayed is holynes
And moche of the worlde ensue vnthryftynes

Let wyse men stody (therfore) to obtayne
Vertue though the way be in diffyculte
For thoughe that one neuer infyx his brayne
To vyce, yet shall the way full esy be
But certaynly wors than a fole is he
Whiche wyll in stede of heuenly blyssydnes
Bye worldly pleasour, endynge in wretchydnes

THENUOY OF BARCLAY.

Remember Fole it is great hurte and losse
For worldly pleasour to lese ioy eternall
Remember also howe god dyed on the crosse
Shedynge his blode the to redeme withall
This payne he suffred for the and for vs all
Consyder his sorowes, be kynde to hym agayne
Lese nat ne change nat his ioy celestyall
For folysshe pleasour, or frayll and worldly payne

Of folysshe children y^t worshyp nat their fader and moder.

Them also I repute for Folys blynde
Whiche haue no honour worshyp ne reuerence
To father and mother, but ar to them vnkynde
And nat consyder what payne and dylygence
What labour, thought, great costis, and expence
Theyr parentis had for them in theyr yonge age
But they rewarde the same with great outrage

That foule is full of all vnhappynes
And suerly worthy of euerlastynge payne
Whiche for his frendes loue and great kyndnes
Rewardeth them with vnkyndnes agayne
But hym I iuge a gretter fole certayne
Whiche on his children bestowys all his substaunce
And lyues hym selfe (for nede) in harde penaunce

And where as he myght his age well relefe
With his owne goodes at euery tyme of nede
There lyeth he gronynge, in payne wo and myschefe
His vnkynde children takynge of hym no hede
And where he labowred right sore his son to fede
Sparynge from hym selfe to fynde hym to the scole
In age his son hym taketh for a fole

And where as he ought his father to honour
To worshyp and loue by dyuyne commaundement
The vnkynde caytyf wyll do hym no socour
But suffreth hym abyde both pore and indigent
And often this Caytyf with handes violent
As past all grace shame or godly fere
With strokes doth his Father hurt and dere

Or suffreth hym vtterly to dye for lacke
Or els hym dryueth vnkyndly to the colde
With a cowpyll of croches a walet on his backe
Whan he hath spoylyd hym of that he wolde
So whan the Father is tedyous and olde
His children thynke he lyueth alto longe
Oft wysshynge hym to be drownyd outher honge

There is no pyte that can suche wretches moue
Anenst theyr Faders wo and paynfull age
They shewe hatered for fauour and hye loue
O folysshe Fader consyder in thy corage
Thy to great pyte thy olde and blynde dotage
Whiche to thy sonne hast gyuen suche store of gode
Whiche the dede wyssheth nat grauntynge the thy fode

He suffreth the to lyue with hunger harde bested
And god wot howe glad wolde he be in his mynde
If thou by cruell deth were from hym red
Yet is his owne lyfe vnstable as the wynde
And shortly shall dye leuynge that gode behynde
And for his vylayne, and frowarde vnkyndnes
His soule berest euerlastynge blessydnes

And that worthely, for after my sentence
He well deserueth an yll and shamefull ende
Whiche wyll nat honour, with loue and reuerence
His fader and mother as his myght may extende
And also all them of whose blode he doth discende
And who that agaynst his parentis wyll rebell
Is sothly worthy to haue a roume in hell

And oft it is sene by examples euydent
That short space they lyue and shamefully they dye
Whiche to theyr parentis ar nat obedyent
And suffreth them lyue in nede and penury
Disdaynynge them to honour and worshyp reuerently
Examples in the Bybyll we haue in sondry wyse
Howe they haue endyd that doth theyr faders despyse

The goodly Absolon of beauty excellent
Of pleasaunt fygure thoughe he so goodly were
For beynge vnto his Fader inobedyent
And his purposynge hym and all his to dere
And to rob his Royalme, was hangyd by the here
By sodayne chaunce and goddes punysshement
And with thre sperys his herte in sonder rent

For that Cham discouered his faders pryuete
As in contempt hauynge of hym disdayne
Was he nat cursyd by goddes maiestye
And bonde to his bretherne whiche was to his great payne
Thoughe Sennacheryb by his owne sonnes were slayne
They hopynge to obtayne his royalme for theyr mede
Yet none of them theyr fader dyd succede

Balthasar kynge somtyme of Babylon
In sorowfull yeres longe lyued worthely
For his proude mynde and fyers transgression
Agaynst his father, for that he cruelly
Dismembred hym : but sothly if that I
Sholde all suche wretches paynes comprehende
In this my boke, I neuer sholde haue ende

The bybyll recordeth howe Toby auncyent
Approchynge to deth almost in dethys hour
Gaue his dere sone speciall commaundement
With all reuerence his mother to honour
Salomon therfore of sapyence the flour
Hauynge no respect to his hye excellence
Vnto his mother dyd humble reuerence

Erectynge hym vp from his hye rowme royall
To mete his mother, and set hir by his syde
On his right hande as chefe and pryncipall
By whose example all children ought them gyde
Humbly to theyr parentis without all grutche or pryde
But fewe alas nowe wyll vnto this intende
Whiche causyth them sore repent it at the ende

If Corylaus had nat ben obedyent
Vnto his moder and fered hir. certayne
By Rome he sholde haue suffred punysshement
And by his foly longe lyued in great payne
The Bybyll also recordeth to vs playne
Howe the sonnes of Rechab had great preemynence
For hauynge to theyr fader loue and obedyence

Were they nat lauded by god omnypotent
Yes certaynly but the chefe cause wherfore
Was for they folowed the commaundement
Of Rechab theyr fader, denyenge nat his lore
So shall I conclude shortly and say no more
That he that to Fader or moder is vnkynde
Shall here in erth his soule to fendes bynde

BARCLAY TO THE FOLYS.

Thou vnkynde childe and inobedyent
Thynke what thy Fader and Moder dyd for the
Remember what goodes they haue on the spent
Or they coude brynge the vnto thy degre
Endeuer the to them kynde agayne to be
For all the kyndnes that thou canst shewe : certayne
Nor all thy worshyp nor thy humylyte
Can neuer be abyll them to rewarde agayne

Be nat therfore childe vnto them vylayne
But take thou example of Christ our sauyour
Howe he alway thoughe he were god souerayne
His carnall moder benyngly dyd honour
And Joseph also whiche after the errour
Of the blynde Jewes to hym was fader sayde
Yet is he god and gracious gouernour
Lyke to the Fader before the worlde was made

But thou aged man that seest thy dayes fade
Thy strength decay, and thy colour fro the fall
Thynke well that whan thou all thy good hast layde
Vpon thy children to auaunce them with all
Whan thou hast nede perchaunce none of them shall
Socour thy nede, but from theyr hous the cast
Therfore I aduyse the, nede nat on them to call
But whyle thou lyuest to holde sure that thou hast.

Of the claterynge and bablynge of prestis and clerkes in the quere.

Of folys yet : may we great nomber se
In the holy querys of chirches small and great
Whose communycacyon is voyde of honestye
But on vayne talys theyr myndes clene ar set
That goddes seruyce is oft hyndred and let
By suche iapes and dedys of farre and nere
Whiche they as Folys recount within the quere

I haue before touchyd the great enormyte
The foly, and disorder, without all reuerence
Whiche in the chirche dayly we may se
Amonge lay folys, whiche better were be thens
But nowe shall I touche another, lyke offence
And that is of Folys whiche in the quere haboundè
Nat saynge the seruyce of god as they ar bounde

But dyuers toyes and Iapis varyable
They spred abrode, encombrynge the seruyce
And namely with theyr tunge wherwith they bable
Eche one to other, as if they toke aduyse
And counsell togyder theyr cartis to deuyse
Vnto our shyppes theyr company to cary
For loth they be to longe fro them to tary

O goddes temple, o godly ordynaunce
By holy faders ordeyned to gyde the same
None labours you to support nor auaunce
But to decay they suffer, vnto theyr shame
The godly costomes ar tourned vnto game
The Seremonyes somtyme kept stedfastly
Ar nowe defyled by Iestis of vylany

The constitucions ordeyned right holely
In tyme past by Faders wyse and auncyent
Holy Chirches honour to meyntayne therby
Ar halfe abusyd, none suys theyr, right intent
The seruyce also of god omnypotent
Is nowe mysusyd : as playnly doth apere
Nat in the Chirche so moche as jn the quere

There be no tydynges nor neweltees of warre
Nor other wonders done in any strange londe
What euer they be and come they neuer so farre
The prestis in the quere at first haue them in honde
Whyle one recountyth, the other, to vnderstonde
His fayned fable harkeneth to the glose
Full lytell aduertynge howe the seruyce goes

The bataylys done perchaunce in small brytayne
In fraunce or Flaunders or to the worldes ende
Ar tolde in the quere (of some) in wordes vayne
In myddes of Matyns in stede of the Legende
And other gladly to here the same intende
Moche rather than the seruyce for to here
The rector Chori is made the messanger

He rennyth about lyke to a pursuyuant
With his whyte staffe mouynge from syde to syde
Where he is lenynge talys ar nat skant
But in one place nat longe doth he abyde
So he and other them selfe so lewdly gyde
Without deuocion, by theyr lewde neglygence
That no thynge can bynde theyr tunges to sylence

And in the mornynge whan they come to the quere
The one begynneth a Fable or a hystory
The other lenyth theyr erys it to here
Takynge it in stede of the Inuytory
Some other maketh respons antym and memory
And all of fables and Iestis of Robyn hode
Or other tryfyls that skantly ar so gode

With tryfyls they begyn and so oft tyme they ende
Recountynge nueltees, they waste theyr tyme therin
And where as they ought the seruyce to intende
Of god almyghty : they spende the tyme in syn
And other some, vnto the quere doth ren
Rather for lucre and cursyd couetyse
Than for the loue of the dyuyne seruyce

The peny them prycketh vnto deuocyon
But that is outwarde nat rotyd in the harte
But better were auoyde this hye promocion
And surer, from the quere to stande a parte
Than thyder to presume, and if that thou aduert
Thy owne order and therof the excellence
So shalt thou nat gyde the in goddes hye presence

I thynke it better more mete and profytable
To stande afarre without the Chirche and quere
Than there to be, and so to that bable
That for thy noyse none can the seruyce here
And if thou thynke thy talys and wanton chere
Or wordes superflue ar to our lorde pleasaunt
Thou art abusyd and greatly ignoraunt

But certaynly the prestis that thus lyue
Disordred in the hous of god our creatour
Doth yll example vnto lay people gyue
By theyr mysrule to sue the same errour
But to them selfe do they great dishonour
And sclaunder to the Chirche, so that moste comonly
All prestis (of laymen) ar moche the lesse set by

O folysshe preste vsynge suche fables vayne
And cursyd customes : thynkest thou therby
Of god any mede or meryte to obtayne
Nay god is nat pleased with suche lewde foly
It is conuenyent our lorde to magnyfye
With parfyte prayer loue reuerence and honour
And nat with iapys and talys of no valour

THENUOY OF ALEXANDER BARCLAY.

Ye prestis and clerkes amende your myslyuynge
Defyle nat the Churche with wordes of vanyte
Remember : there is tyme and place for euery thynge
As tyme of myrth, and tyme of grauyte
In euery place ye ought discrete to be
That men may commende your vertue and goodnes
But namely in churche vse wordes of honestye ·
That is no place for talys, but for holynes

Of eleuate pryde, and bostynge.

That lawde is vyle the whiche doth procede
From mannys owne mouth vttred in wordes vayne
Of suche foly no wyse man taketh hede
But by discression, doth hym selfe refrayne
But pompe and pryde whiche doth all men disdayne
Engendreth folys : whiche thynkynge to exell
All other in erth : at last fall downe to hell.

Besyde our folys rehersyd here before
In dyuers barges almost innumerable
Yet stately pryde makyth the nomber more
Whiche is a vyce so moche abhomynable
That it surmountyth without any fable
All other vyces in furour and vylenes
And of all synne is it rote and maystres

The noblest hertis by this vyce ar acloyed
It is confounder, of mekenes and vertue
So by the same is many one destroyed
In soule and body whiche them to it subdue
Wherfore let the wyse his statelynes eschewe
For it hath be sene is sene, and euer shall
That first or last foule pryde wyll haue a fall

The first inuentour of this vnhappy vyce
As doth the scripture playne expres and tell
Was lucyfer, whiche to hym dyd attyce
A cursyd nomber both stately and cruell
In mynde intendynge his maker to excell
Or els if he coude come to his intent
For to be egall with god omnypotent

Thus of all synnes pryde was the first of all
Bygon by Lucifer, but god omnypotent
Percyuynge his foly made hym and his to fall
From heuen to hell to paynes violent
In horryble shape : before so excellent
Shynynge in heuen before the angels all
Thus had his folysshe pryde a greuous fall

But to be short.   and to retourne agayne
Vnto my auctour : suche as ar stryke with pryde
Vse for to bost them self with wordes vayne
To spred theyr fame theyr name and lawes wyde
And though that they vngraciously them gyde
Yet as mad men they bost they vaunt and raue
And of that whiche they neuer deserued haue

Lo sayth a fole attached with this vyce
I haue ben norsshed at the vnyuersyte
In dyuers contrees and stodyes of great pryce
Both in these partyes and eke beyonde the se
At bonony, Parys and Padway haue I be
Wherfore I ought to haue preemynence
And the chefe place with lawde and reuerence

Another bostyth hym self that he hath ben
In Grece at scolys and many other londe
But if that he were aposyd well I wene
The grekes letters he skant doth vnderstonde
But thou vayne boster if thou wylt take on honde
To stody cunnynge and ydylnes despyse
The royalme of Englonde myght for the suffyse

In englonde is suffycyent discyplyne
And noble men endued with scyence
And if thou lyst to aply to theyr doctryne
Thou mayst lerne wysdome and noble eloquence
Haunt them that haue therin preemynence
And to theyr Instruccion with all thy mynde intende
It is no great boste to haue sene the worldes ende

But syns mad pryde Enmy to all vertue
Subdueth the worlde vnder baner brode displayde
Thoughe folys obey, let wyse men it eschewe
For Lucyfer, as I before haue sayde
Corrupt with this vyce, had heuen to him denayde
And as first actour of this infectyfe sore
Was dryuen downe to hell with his, for euer more

And nowe hym folowe men, children and wymen
Fallynge from erth for this myscheuous pryde
To infernall flodes and that darke dredefull den
Where without ende in payne they must abyde
This fende with his felawes layeth on euery syde
Theyr nettis of pryde wherwith they goostly quell
Foles without nomber, drawynge with them to hell

Let man haue wysdome and beautye souerayne
Strength, vertue, cunnynge, honour and ryches
And this one vyce shall all the same dystayne
Defylynge worshyp by his proude statelynes
But namely this pryde is lady and maystres
Ouer womankynde, whiche playnly without fayle
Apereth by theyr lokes, and stately apparayle

Whiche wymen whan that they on pryde do muse
The same representynge outwarde in theyr habyte
Both yonge and olde of men they sore abuse
Whan theyr frayle beautye doth mennes hertes byte
And to be playne : in pryde, wymen haue such delyte
That if some were as they ar almost all
The pryde in them at last sholde haue a fall

As I haue sayde. whan wymen set theyr mynde
Them selfe to garnysshe by thys stately pryde
Men that ar wyse, make they as folys blynde
Nat knowyng howe by reason them to gyde
As dyd Iudith : whiche whyle she dyd abyde
Were the Tent of Holofernes capytayne
By hir feble hande he wretchydly was slayne

And all by reason that he was so inflamyd
By hir fayre shape, hir clothynge, and beautye
Yet was this Iudith of lyuynge nat dyffamyd
But yonge and olde euer kept hir chastyte
And in lyke wyse Iesabell, whan that she
Thought by hir beautye Iehu to betray
By pryde she payntyd hir face to make hir gay

Betray I say, to pardon hir offence
Agaynst the wyll of god omnypotent
Whiche myght haue turnyd to inconuenyence
To noble Iehu, by goddes punysshement
These thynges consydered wysdome with voyce prudent
Both lowde and shyll (sayth) cryeng to mankynde
From womans pryde and beauty drawe thy mynde

Of all erthly thynges enclyne nat to theyr gyle
For with theyr iyen replete with wantonnes
Pure hertes and chaste they enfect and defyle
But suche as ar gyuen to vertue and goodnes
To mesure and mekenes expellynge statelynes
They worthy ar of lawdes for theyr humylyte
For seldome or neuer they breke theyr chastyte

If Barsabe throughe hir blynde neglygence
In bathynge had nat discoueryd hir beauty
Dauyd had nat fallen to that cruell offence
Of murder, engendred by vyle auoutry
But to be playne, and for to speke shortly
Thousandes ar disceyued and brought to wofull fall
By pryde, and eke they folys abyde withall

But god almyghty dispyseth and doth hate
These stately folys blyndyd with ignoraunce
Whose myndes ar so hye and eleuate
That they nat se theyr owne mysgouernaunce
Wherfore our lorde oft taketh vengeaunce
Of theyr abusyon, and with infernall payne
Whiche is rewarde to fowle pryde and disdayne

O that he is happy whome this vnthryfty syn
Of pryde or vayne glory with his hasty furour
Hath nat subdued, ouercome, nor entred in
Nor the vayne desyre, of ryches nor honour
And happy is he whiche thynketh euery hour
Of howe great valour is the royalme celestyall
Beynge ware of pryde by Lucyfers fall

Suche one nat forsyth of honour no hye name
Nat carynge in this worlde to haue preemynence
Nor other exces longynge vnto the same
Whiche ar attysers of men to all offence.
But proude folys voyde of wysdome and scyence
By vayne pryde stodyeth all other to excell
And than at the last they fall downe vnto hell

Of proude Lucyfer thus they assay the fall
Receyuynge a rewarde for theyr statelynes
Drownynge theyr proude hertis in flodes infernall
Where payne is eternall, wo, and bytternes
More tedyous than all tunges can expres
This is of pryde rewarde at the last ende
A thynge of the hyest thus nedes moste descende

Presumptuous pryde hath euer a shamefull ende
So haue they that coueyt other to excell
As we of Chore : Datan : and Abiron fynde
Whiche by pryde agaynst Moyses dyd rebell
Wherfore they and theyrs alyue sanke downe to tell
Thus well is hym that foloweth vertue
And that with mekenes can stately pryde subdue.

Thenuoy of Alexander Barclay.

O men meke your myndes : ensue humylyte
And also ye wymen, refuse your statelynes
For certaynly the more hyghe that ye be
The more ye ought to gyue you to mekenes
For pryde is the rote of all vnhappynes
Supporter of vyce, and enmy to vertue
Therfore it is sayd (and true it is doutles)
That pryde goth before, but shame do it ensue

An exclamacion ayenst pryde.

O pryde despytous, o hasty tyranny.
Infernall fury with venym maculate
Fy on thy fraylte, out on the I cry
For with thy venym thou hast intoxicate

So many kynges, so many a great estate
Thou man destroyest, if thou may hym subdue
Wherfore we ought the to desprayse and hate
Thou goest before But shame doth the ensue

By the is Lucyfer damned eternally
Expulsed to payne, from goddes hyghe presence
And all mankynde endureth mysery
For that thou causyd hym by thy offence
Of pryde : to desyre to haue suche excellence
To knowe gode and yll, that all mankynde myght rewe
Tyll Aue : for Eue had made a recompence
Thus, o blynde pryde ay shame doth the ensue

The pryde of them that byldyd Babylon
Was nat asswagyd without great vengeaunce
The kynge transformyd from mannys fassyon
Vnto a brute bestis shape and countenaunce
Dyd nat Agar hir selfe also auaunce
By pryde despysynge hir lady bycause she knewe
Hir selfe conceyued, but hir mysgouernaunce
Was sharply punysshed, and shame dyd it ensue

But shortly to drawe me to a conclusyon
Thou hast made thousandes to ende in care and wo
By the, had moab payne and confusion
Holofernes, Aman, Nichanor, and Pharao
Balthasar, Anthiochus, Herode and many mo
In the olde testament and also in the newe
But shortly to speke, and farther nat to go
Pryde goeth before, and shame doth ensue

Of vsurers, and Okerers.

Vnto our shyp let them come hastely
Whiche by theyr ardent desyre of frayle ryches
Theyr myndes set on deuourynge vsury
These ar the theues that by theyr cruelnes
Spoyle the pore people and greuously oppres
They boste theyr gaynes they bye they sell agayne
Spoylynge and oppressynge, on gyle is all theyr brayne.

A Shamfull sort of Folys doth remayne
Wors than all other spoken of before
Whose synfull lyfe and fals disceytfull trayne
I shall reuyle with wordes sharpe and sore
This sort is vtter ennemy to the pore
Full of lyes, couetyse gyle, and foule vylenes
Content with no treasour, nor innumerable ryches

The power of the lawe ought sharpely to chastyce
With extreme rygour and mortall punysshement
This sort infectyf that foloweth this vyce.
This rauenynge sort worthy paynes violent
Agaynst our lordes dyuyne commaundement
By theyr vnmekenes, the pore oft maketh bare
Of londe and goodes, than leuynge them in care

These wretchyd folys of mynde ar made so dull
That with theyr money gotten all by fals vsury
Of corne and vytayle they stuff theyr howses full
Therby to ingender nede, and paynfull penury
Vnto the pore, that they may wyn therby
So of all vytayle these wretches get plentye
To sell it derer, whan some great darth shalbe

These vsurers alone haue all the store
Of wyne and vytayle, whiche sothly myght suffyse
Many without nomber, of Cytezyns, ryche and pore
No punysshement they drede ne fere in any wyse
But lyue the men that theyr maker doth despyse
No feruent lyghtnynge, ne thunder vyolent
Can cause these wretches theyr vsury to stent

But by all synne, and in all vnlefulnes
These wretches labour and syngulerly gyue hede
To multyply theyr foule and vyle ryches
They brynge forth hunger them selfe they onely fede
Suffrynge the pore (alas) to sterue for nede
This sorte, thus, to the pore is so cruell
That for lacke of petye many one they quell

Thoughe the Iewes lyue in errour and derknes
Gyuen to vsury (as lobourynge men oft sayes)
Yet ar they more gyuen to pytye and mekenes
And almes : than christen men ar nowe adayes
In vsury we ensue the Iewes wayes
And many other synnes fowle and abhomynable
Rennynge without mesure whiche is intollerable

For his vsury, the Iewe is out exyled
From christen costes yet of vs many one
With the same vyce is infect and defyled
The pore by the ryche is etyn to the bone
Almes is banysshed, pytye is there none
Cruell crauynge spoyleth them that erst had nought
The pore is vexyd and to a begger brought

The weyke hath the weyght, the worlde so doth fare
The spere of extorcyon persyth throughe his syde
He that nere is naked shall be made fully bare
He skant hath rowme in any place to byde
But these vsurers, whome gylefull gayne doth gyde
Desyreth no plenty of corne vpon the grounde
But onely that theyr owne garners may habounde

These caytyfs wysshe the feldes baryne in this wyse
To theyr owne profyte and others great greuaunce
That hunger and darth may by the same aryse
But for bycause that they haue habundaunce
They laugh anone and haue a great plesaunce
If there be skant of corne and of vytayle
By mouryn, lyghtnynge, tempest, rayne or hayle

These wretchyd folys for theyr owne auauntage
Dayly desyre, and fayne wolde here or se
A hole comontye to haue losse and damage
But to conclude : those men vyle caytyfs be
That seke lucre, enhaunsynge theyr degre
Or that wyll gather ryches by couetyse
Or fals vsury, to others preiudyce

Some gladly lene to haue wynnynge therby
And some fell dere bycause the payment
Is set to longe day : yet thynke they verely
Nat to perysshe the dyuyne commanndement
Thoughe that suche folys thynke them innocent
If that they nat mende a rowme they haue in hell
But in the mean space in my shyp shall they dwell

BARCLAY TO THE FOLYS.

O mysbyleuers, o men wytles and blynde
Gyue nat your myndes to gylefull vsury
And thou of the chirche reuoke also thy mynde
Frome the fowle synne of cursyd symony
And ye marchauntis : that greatly occupy
Expell this vyce, for sore is the offence
Your ryches shall moche the soner multyply
If pytye of the pore be ay in your presence

Of the vayne hope that Foles hath to
succede to herytage possession and
ryches.

Some ar that hope and hath gode trust alway
Others goodes by succession to attayne
Lokynge, and gapynge, hourly nyght and day
Whan they shall perysshe and dye by chaunce sodayne
But this they often tymes wysshe in vayne
For suche as they moste gladly dede wolde haue
Etyth of that gose that graseth on theyr graue

Who may endure those Folys ignoraunce
Whose myndes the feruour of wretchyd couetyse
Maketh mad, and folysshe, to such extreme vttraunce
That the hole worlde myght say they ar vnwyse
Of suche mad foles this is the comon gyse
Contynually to gape for the succession
Of others goodes, ryches and possessyon

Of heyres this is the comon vse in dede
Theyr parentis deth to wysshe and to desyre
To the londe and ryches the soner to succede
And often by venemous treason they conspyre
But syth the ruler of the heuenly Impyre
In no mannys handes putteth deth ne desteny
Oft se we these folys before the other dye

I say to suche as others deth loke fore
It often happeneth, as we may dayly se
That lyghtly they theyr self departe before
Wherfore thou fole fyllyd with all iniquyte
Say : is it nat great foly and shame to the
And also madnes, to wysshe thy frende damage
Or deth : for his vyle goode and herytage

A frende lyuynge is a ryches excellent
Therfore I say he is a fole doutles
That in his herte wolde gladly be content
To se hym dede for lyuelode or riches
Therfore fole expell this errour and blyndnes
For this thy hope is full of vanyte
What knowest thou whan thou thy self shall dye

Deth the assayleth and foloweth hestely
Thy lyfe shortnyth whether thou slepe or wake
Thy selfe shall dye: there is no remedy
And if thou before canst no prouysion make
Vpon his backe the dull Asse shall the take
And to our shyp the lede through fen and myre
For this thy folysshe hope and vayne desyre

It is great foly whan thou art farre in age
To loke dayly whan a yonge childe shall dye
Hopynge to succede hym vnto his herytage
Howbeit thou nerer art to thy deth than he
Yet this vayne hope doth fede and norysshe the
By the whiche hope though many confort haue
Yet oft it doth his mayster sore discayue

Hope man confortyth makynge hym glad and fayne:
Ought to obtayne whan that he doth intende
But from vayne hope thou oughtest to refrayne
For it disayueth his mayster at the ende
So if thou wylt my purpose comprehende
Whether thou be olde, yonge, or of myd age
Set nat thy trust to moche on herytage

For though thou be yonge: as I before haue sayd
Thy ioyntis stronge in youthes lustynes
Thy colour quycke, and pleasaunt lyke a mayde
Thy skyn smoth, and thy herte full of boldles
Yet deth dayly steleth slyely on the: doutles
Both yonge and olde must go the same passage
Thus is it foly to hope on herytage

Oft mourneth the Fader, the sonnes deth sodayne
Thus dyeth the yonge oft tyme before the olde
Dyd nat Pryamus right pyteously complayne
His sonnes dede whyle they were yonge and bolde
Them to haue lyued though he right gladly wolde
Whyle absolon hoped by treason to obtayne
His faders kyngdome : he wretchydly was slayne

Pale deth and cruell, as it is often sene
Maketh hym thy heyre by his stroke mortall
Whome thou supposyd, and thought sholde neuer haue bene
So lytell knoweth these folys what may fall
For this is dayly sene and euer shall
That god almyghty, owner of euery thynge
Chosyth heyres at his pleasour and lykynge

THENUOY OF THE ACTOUR.

Ye wytles men, full blyndyd with errour
Set nat vayne hope on worldly herytage
But only on god : lyue after his pleasour
And so infourme your ofsprynge and lynage
It is a vayne hope, a madnes and outrage
On worldly thynges to hope contynually
Hauynge small hope within thy dull carage
Of heuen : where thou myght byde perpetually

Of folys that kepe nat the holy daye.

He that doth nat the holy day honour
With due deuocyon, lawde, and reuerence
But rather intendyth to couetous labour
Vayne talys, sportis, or other lyke offence
Suche ought of dutye and very congruence
To clym as companyon vp to the cart of Apys
Whiche (eche day lyke) aplyeth nought but apis.

Alas for shame, howe wretchedly mankynde
Wandryth in the waẏ of obscure darkenes
They haue no wysdome, ne parfytenes of mynde
To knowe the cours of godly ryghtwysnes
Though god of his grace, and infynyte goodnes
To true christen men hath grauntyd hym to knawe
By the holy doctryne of his precept and lawe

And thoughe they be chosen to god and his kyngdome
As men elect, callyd to the royalme celestyall
Yet of vs christen men (alas) ar some
That of his doctryne worshyp nought at all
We let his lawes clene from our myndes fall
Our holy fayth despysed half: and defyled
Hir honour decayes: the fere of payne exyled

The fader of heuen gaue a commendement
To moyses wryten in tables of harde stone
Deuydyd in Ten preceptis, to this intent
Mankynde to reduce whiche had mysgone
Amonge the whiche preceptis this was one
The sabbot to Worshyp and sanctyfy alway
The seuenth day of the weke called the sonday

This day was ordeyned in the olde testament
After worldly werke done all the weke before
To worshyp and to honour our lord omnypotent
And bysshops it conferme, and yet besyde this more
They haue decreed and ordred by holy lore
Other festis of sayntis in heuen gloryfyed
To be on theyr dayes halowed and magnyfyed

These dayes were ordeyned for men to exercyse
Them selfe in prayer, goodnes and vertue
Our lorde and his sayntis to honour : and lyke wyse
Of worde and dede all excesse to eschewe
But for that we more gladly vs subdue
To worldly tryfyls, and bodely pleasour
We vyolate the fayth by our wylfull errour

Those laudable costomes we defyle and vyolate
By the holy lawes (alas) we set no thynge
But on the holy day, mad ryot and debate
Troubleth the seruyce of the almyghty kynge
The holy day we fyle with eche vnlefull thynge
As fat festis and bankettis sausyd with glotony
And that from mornynge to nyght, contynually

The heuenly festis ar wasshyd with dronkenes
And whan quyete rest is gyuen to mankynde
By the holy day : from worldly besynes
These dronken dastardes set nat theyr mynde
On churche nor prayer, but drynke tyll they be blynde
And on the holy day, we dayly se that men
Soner to the tauerne than to the churche ren

The tauerne is open before the churche be
The pottis ar ronge as bellys of dronkenes
Before the churche bellys with great salemnyte
There here these wretches theyr Matyns and theyr masse
Who lysteth to take hede shall often se doutles
The stallys of the tauerne stuffyd nere echone
Whan in the churche stallys he shall se fewe or none

There one drynketh fastynge without discression
Another deuoureth drynkynge out his iyen
This lyfe they lede : and that before or one
Of all the sort hath at the churche bene
But besyde this vyce : it euery day is sene
That on the holy day suche workes we tende to
Whiche on the workynge day scantly we wolde do

Alas man it is a great shame certaynly
Whyle the prest precheth the deuyne commaundement
For the to aply vnto bestly glotony
Or whyle any seruyce of god omnypotent
Is done in the churche, me thynke in myne intent
It is great shame to the to take more hede
To fede thy foule wombe : than thy soule to fede

And nat to the churche nor auter for to come
Without thou erst be dronken so bestely
That whan thou art there outher art thou dombe
Or els in prayeng thou bokest vnmanerly
Spuynge vp thy prayers : god wot vndeuoutly
And where the hole weke thou keptest sobernes
Thou worshyppest the holy day with dronkenes

It passeth my myght, I thynke none can ne may
Wryte all the folyes synnes and offence
Whiche nowe ar vsed vpon the holy day
For some folowe Idelnes slouth and neglygence
Some vse gamys : grounde of great inconuenyence
Som bete the stretis, and to rybawdry
On the holy day moste namely them aply

VOL. II.   z

Some slaunder, some lye, what shall I say more
We se some more besy about theyr marchaundyse
Than they haue ben all the hole weke before
Thus on the holy day forborne is no vyce
These folys aply nat them in the seruyce
Of god, but the sabbot defyle with vylany
Wherby theyr soulys they dam eternally.

THENUOY OF THE ACTOUR.

Cesse fule, and leue of worldly besynes
Vpon the holy day, and rest of the labour
Of thy handes aplyenge the hole to holynes
With worde and dede to lawde thy creatour
Sanctyfy the sabbot : so sayth our sauyour
From terrene Lucre that day withdrawe thy mynde
For with clene herte thy maker to honour
On the holy day : the scripture doth the bynde

Of folys that repent of that they haue gyuen.

He is a Fole : and voyde of wyt certayne
That mourneth for that whiche is past remedy
And by no mean may reuoked be agayne
For vayne cure suche one vexeth contynually
Moreouer that man is folysshe certaynly
Whiche gyueth his frende ought and after doth repent
Suche lesyth the meryte : the gyft in vayne is spent

If thou lyst to gyue : and to be lyberall
I shall the shewe what thynge it is in dede,
It is a vertue right great and pryncipall
Of loue, and pytye, if that the same procede
And if it be nat done for fere and drede
But of a herte true, stedfast, faythfull and fre
It gendreth confort, and grounde of amyte

Who gyueth his frende with mery countenaunce
Gyft or rewarde : and who so euer he be
That a straunge man doth worthely auaunce
With condigne rewarde, by lyberalyte
It may be proued and sayde forsuth that he
Is worthy lawdes and an excellent fame
And for his goodnes of vertue to haue name

But he is a fole and full of vylany
Whiche to his louer gyueth ought at all
And than agayne repentyth by and by
Full of sorowe that he was so lyberall
He is also a fole and a man rurall
Whiche gyueth with mynde neyther good ne glad
With lokes pale : and countenaunce sore and sad

And for that this displeasour doth hym dere
His frende : he soone out braydeth of the same
Hym self (for malyce) drawynge by the here
So hath this fole, by malyce and yll name
His rewarde lost, for it rebuked and shame
And no meruayle : for no man that hath skyll
Shall thanke hym for goodnes done agaynst his wyll

Yet is he moche wors and lewder of intent
Whiche whan he hath gyuen a thynge for goddes sake
Of his dede, or gyft anone hym doth repent
Thynkynge that god wyll no recompence make
Of that rewarde whiche to the pore they take
For that he ne sendeth to euery fole agayne
Alway, and lyghtly for one gyft thre or twayne

Suche folys for lucre, gayne and auauntage
To haue great gyftis and dowble of valour
Wolde gyue small gyftis : and that with glad courage
But loth they ar to departe with great treasour
Be sure thou fole that god our creatour
Shall nat thy rewardes ne gyftis accept atall
But thou gyue them with fre herte and lyberall

Wenest thou blynde man that god omnypotent
Careth ought for the small gyftes of mankynde
Thou art abused if thou be of that intent
God onely marketh the gode wyll of thy mynde
And in thy gyftis deuout if he the fynde
For thy gode wyll and god deuocyon
He shall to the graunt the heuenly region

Thus he that of goodnes and lyberalyte
With mery face and cherefull countenaunce
Gyuyth to his frende that hath necessyte
And to other men good of theyr gouernaunce
By almes and pytye : his dede shall hym auaunce
To worthy laudes, and thankes manyfolde
And vnto a gode name : which better is than golde

Those rewardes euer ar namely commendable
And best of all, that gyuen ar with glad mynde
But yet is he moche vyle and reprouable
Whiche euer is takynge : remaynynge styll vnkynde
In all the worlde nought vyler can I fynde
Nor wors, than is a fals vnkynde vylayne .
Yet many thousandes ensue that bestly trayne

A man that is good hauynge wysdome, skyll and wyt
Lyghtly rewardeth his frendes true kyndnes
Than moste the other indeuer hym to quyte
The same agayne with thanke, and faythfulnes
But if thou wylt gyue, for to haue thanke doutles
It moste be done with mery loke and mynde
Els shalt thou neyther thanke, ne meryte fynde

THENUOY OF ALEXANDER BARCLAY THE TRANSLATOUR.

Whether thou wylt gyue rewarde gyft or present
To god or man, it must be gladly done
And with gode wyll : els thy rewarde is spent
And loste vtterly, with meryte small or none
Therfore consyder with thy selfe alone
To whome thou gyuest : for that is wyt and skyll
And if thou worthy and wyse fynde the person
Than gyue thy gyft with glad loke and good wyll

So shall thy kyndnes rewardyd be agayne
But all is lost that thou dost gyue to fynde
Four sortis of people : the first is a vylayne
Or chorle, for agayne thou shalt hym proue vnkynde

The seconde a childe, for his forgetfull mynde
Expellyth kyndnes, the thirde a man in age
The fourth a woman varyable as the wynde
Beynge of hir loue vnstable and volage

Of the vyce of slouth.

The Papy sede betokenynge slouthfulnes
Is sawen in the worlde and fast doth multyply
The synne of slouth all mankynde doth oppres
But namely seruauntis them self therto aply
Despysynge labour, slepynge contynually
But olde and yonge gyue them to this offence
Chalangynge theyr wagis : they voyde of dilygence

Though that vyle slouth sprenklyd with dedely slomber
Be destroyer and confounder of mankynde
And in all vyce constrayneth hym to slomber
Yet many it folowe, and on it set theyr mynde
If thou take hede, thou clere and playne shalt fynde
That damnable slouth is so corrupt a vyce
That of his foule rote all yllys doth aryse

Of slouthys bosom out spryngeth euery yll
And who that attachyd is with this offence
No vertuous dede he gladly shall fulfyll
But slepyth ay in Idelnes and blynde neglygence
Bytwene hym and the lame is lytell difference
For both, in maner, lyueth in lyke case
Nat vsynge theyr membres but slepynge in one place

A slouthfull man is nere of that nature
That if he lay besyde a fyre brennynge
For to be brent : he rather wolde endure
Than take the payne hym selfe in any thynge
For to relefe by rysynge or mouynge
Thus is he a Fole, and worthy wretchydnes
To gyue other example, of his lewde sleuthfulnes

A slouthfull creature is as vnprofytable
As smoke or dust, is for a mannys iyen
Or as a molle, or vant mete and able
For to do profyte within a garden grene
For in no goodnes besyed is he sene
Saue for to slepe, and watche the fyre alway
Besy in no thynge, but in vayne sport and play

Amonge all other the slouthfull man onely
Withstandeth hym selfe so mad and blynde is he
In Idelness lyeng styll contynually
By that prouysyon to purchace pouertye
But happy is he whiche hath felycyte
To vse his ioyntis in workes iust and gode
With labour of his handes gettynge his dayly fode

But our sauyour oft taketh punysshement
By godly iustyce and very rightwysenes
And that oft tyme with hell payne and tourment
On them that lyue alway in slouthfulnes
But them that labour in lawfull besynes
He largely rewardeth, and wryte doth testyfy
That an Idell man to ete is nat worthy

The vyce of slouth full harde is to asswage
Or to subdue : therfore before our dayes
By it was brought moche peryll and damage
Into the worlde. and that by dyuers wayes
For as Iuuenall the noble Poete sayes
Amonge the Romayns dyd growe and sprynge therby
The rote of couetyse, pryde and lechery,

And sothly slouth and wretchyd Idylnes
By wayes remys and dranynge neglygence
Of all other synne is rote and maystres
Yonge hartis attysyth to many a sore offence
The noble Dauyd, a man of hye prudence
Whyle he submyttyd hymselfe to Idylnes
Synned in adultery and murder : by blyndenes

Whyle Rome was gyuen to labour and dylygence
They wan Cartago, as it is wryten playne
But afterwarde by slouth and neglygence
That noble Cyte anone they lost agayne
For whan the romaynes were voyde of care and payne
Of batayle and labour, and other besynes
They gaue theyr bodyes to slouth and ydelnes

They had no warre to exercyse theyr myght
To them obeyed small, great, lowe and hye
Enmy was none agayne whome they myght fyght
Than gaue the youth them selfe to lechery
Whiche lost theyr force, theyr myght and strength therby
Amonge them selfe than began they to conspyre
This wyse decayed theyr excellent impyre

For whyle the romayns straunge regions dyd assayle
Expellynge faynt slouth, and nedy Idelnes
By dedes of Armes and boldenes of batayle
Therin they subdued theyr hye cowragyousnes
But after by slouth vyle lust dyd them oppres
And (alas) so sore they gaue them to the same
That vtterly they loste theyr glorious name

THENUOY OF ALEXANDER BARCLAY.
Lerne by example o man for to beware
Of faynt Idelnes and of neglygence
Suffer nat that slouth take the in hir snare
For she is rote of all synne and offence
Gyue the therfore to perfyte dylygence
Be alway doynge, but se thy dede be gode
For as I sayde before in a sentence
An Idell man is nat, worthy of his fode.

Of straunge Folys and infydels as sarasyns paynems, turkes and suche lyke.

Hytherto I haue me indeuered to repreue
The folys of our fayth : for theyr enormyte
But nowe shall I touche wretches of mysbyleue.
Expressynge theyr foly by theyr infydelyte
But thoughe these Heretykes greatly vnworthy be
With vs christen men to be : for theyr blynde slomber
In errour: yet ar they of this our folysshe nomber

O God aboue : howe moche abundaunt nomber
Of folys rayneth, from the right way wandrynge
By mysbyleue, wherin they slepe and slomber
Leuynge the right lawe of god in euery thynge
These ar fals Sarasyns, fals of theyr lyuynge
And other mysbyleuers by blyndnes voyde of grace
Whiche in our Shyppis loketh to haue a place

Of these fals forayns renneth so great a bonde
Vnto our shyppis that the great company
Of them, ouerspredeth both the brode se and londe
For of them all nat one, is fautles verely
These folys ar Forayns : and this is the cause why
For from the folde of god they falsly them withdrawe
And the trewe fayth, despysynge goddes lawe

It were moche better these wretchys to despyse
And styll to leue them in theyr blynde darkenes
What haue I to do with the myscheuous gyse
Of them whome errour so blyndly doth oppres
For they ar so blyndyd in theyr vayne wyckydnes
That they wyll be helyd by no medycyne
Nor from theyr vayne Idolatry declyne

I sholde them passe ouer, for there is no doctryne
No gode monysyon nor good aduysement
That can them moue, ne cause them to inclyne
Vnto the holy fayth of our lorde omnypotent
But as blynde bestis, of one cursed assent
In the lewde lawes, they onely haue delyte
Of theyr fals mayster, diceytfull Mahumyte

But touchynge the nomber and the horrible bende
Of these blynde folys : they ar so infynyte
That a small volume can nat well comprehende
Theyr foly. who sholde the hole togyther wryte
Therfore after my wyt, my laysar, and respyte
Of theyr sectis onely I shall make mensyon
For breuyte leuynge theyr fyrst inuencion

The cursyd Iewes despysynge christis lore
For theyr obstynate, and vnrightwyse cruelte
Of all these folys must nede be set before
The nacion of Turkes next to them shall be
The sarrazyns next whose infydelyte
Is groundyd so blyndly on mahumetis lawe
That no instruccion can them fro it withdrawe

The whiche errour as I in wrytynge fynde
Two partis of the worlde : as afryke and asye
With mysbyleue full wretchydly doth blynde
And of europe great part and quantyte
Whiche in our shyp caryed shall nedes be
The houndes of Tartary ar of this sect also
With other londes and Ilys many mo

The Scithians and also they of Sarmatyke
And they of Boeme, by fendes fraudolent
Ar led and blyndyd with an errour lyke
Despysynge the lawes of god omnypotent
Many ar the londes and Iles adiacent
Whiche with lyke errour ar blyndyd and infect
The owgly Mauryans ar also of this sect

These with other lyke ar Folys, and blynde dawes
Hauynge the chefe shyp of foly and errour
For that they folowe vayne doctryne and fals lawes
But namely they that be of suche furour
Wylfully to forsake god theyr creatour
On fals enchauntement whyle they theyr myndes set
In the deuelysshe scoles : of Praga and Tolet

Nygromancians, and fals wytches also
Ar of this sort, folowynge lyke offence
Nat onely they that wytche craftis do
But they also that gyue to them credence
Or them supportyth with fauour or defence
For all suche Caytayfs as vnto them assent
Byleue nat truly on god omnypotent

It were to moche and to longe a labour
To rehers all those folys innumerable
Whiche worshyp Idollys and lyue in lyke errour
As vayne sacrifyces, and lawes execrable
Whiche by theyr iugement moche abhomynable
Agaynst the holy fayth of Christ dare obiect
That it is fals, vayne, and of small effect

Amonge these sayde folys plunged in hell payne
I may assemble those wretched houndes of hell
Whiche by dispayre with theyr owne handes ar slayne
By rope, water, knyfe, or other deth cruell
But of these mysbyleuers more to wryte or tell
Or to them ennoy, theyr errour to counsayle
It were but foly, and, payne without auayle

Of the ruyne, inclynacion and decay of
the holy fayth catholyke, and dymyn-
ucion of the Empyre.

O christen Prynces gyders of Christendome
Whiche ought our fayth with manhode to defende
I you exort, by reason and wysdome
And hyghe discressyon in mynde to comprehende
The fall therof, and besely to intende
It to defende with your labour dilygent
Leuynge me the hode, that I shewe here present

Whyle I remember the sore ruyne and dekay
Of our christen fayth, and our parfyte byleue
Howe it decreaseth to damage euery day
The causers therof I nedes must repreue
Whiche slouthfull suffraunce sothly me so doth greue
That with wete chekes by teres thycke as hayle
I am constrayned this, harde chaunce to bewayle

My dolefull teres may I nat well defarre
My stomake strykynge with handes lamentable
For none with Trumpet nor sounde betokenynge warre
This hurt out chaseth, ne furour vengeable
Thoughe vnto Prynces the dede were honorable
To chace out this hurt and inconuenyence
Alas yet therto none doth his dilygence

No man is so dull, nor so cruell of hert
Thoughe that his herte were harder than the stone
But that this dolefull chanse sholde cause it smert
And with inwarde syghes sore to complayne and mone
Seynge thus saynt Petyrs holy chare or trone
And the fayth decresynge playne in our presence
By slouth of statis and thoughtles neglygence

The holy chayr, and apostolyke See
Lyeth in decay, plungyd in fere and dout
And Rome the hede, and chefe of christentye
Thretenyth ruyne : and all the londe about
Tremblynge for fere of the vnchristen rout
Of cursyd Turkes and other infydelys
Thus is our fortune led forth on feble whelys

All christen Royalmes, and christis comonte
Wandreth, and ar cast in case full myserable
Flowynge, and swymmynge in the tempestous se
And wawes of fere, abasshyd and vnstable
Nat onely our fayth, and lawes honorable
Decreaseth dayly : but also trouth to say
All holy ordynaunce we dayly se decay

But estatis as kynges, and other men royall
By theyr blynde slouth and ferefull neglygence
Ar to be blamyd, for they be cause of all
For though that they be our shelde and defence
Hauynge in theyr handes, as is sene by euydence
The armour, and dartis : of warre and chyualry
These peryls they beholde : fyndynge no remedy

None taketh helme, spere, ne other armour
With manly courage, and bolde audacyte
These peryls to preuent and to socour
Wherfore o Rome : I fere thy lybertye
Shall by thy enmyes be reft away fro the
And thou be brought to bondage payne and care
If that thy gyders be nat both wyse and ware

Defence of our fayth by slouth is left behynde
Saynt Peters shyp is cast from syde to syde
And all to shaken with tempest wawes and wynde
Without respyte in eas and rest to abyde
The fayth of Christ whiche all mankynde doth gyde
Vnto the hye Royalme and see celestyall
Declyneth sore, ferynge ruyne and fall

Suche frowarde Nacions, as ar of mysbyleue
Prepareth armour in theyr mad crueltye
Agaynst the churche, the same to hurt and greue
And it to subdue to sore captyuyte
Whiche churche quaketh ferynge this ieopardye
And skant goth fre, but if no ayde be founde
I fere sore lyst it shall be throwen to grounde

The turke on euery syde doth it assayle
Despysynge the fayth : demynysshynge the same
Whiche cruell tyrant (alas) if he preuayle
Shall of them morder that worshyp christis name
The fals Prophete, fyllyd with synne and shame
(I mean Mahumet) by his lawes damnable
Hath subuertyd people almost innumerable

His Sectis infectyf he hath out cast and spred
Nere ouer the worlde, and namely firste of all
The Arabyens by his fals lawes ar led
Next by his venym dedely and mortall
Asye the more obeyeth (as bonde and thrall)
Vnto his lawes, and so in maner lyke
To his fals lawes obey they of Afryke

The Soldan of Egypt and Royalmes of Tartary
Ar of his sect, and the fals Turke also
Whiche to our fayth is mortall ennemy,
Our marchys, marrynge as moche as he may do
And moche of them annexeth his vnto
Warrynge dayly on christen royalmes adiacent
Whiche with his owne was wont to be content

The londe of Trace, large in a marueylous wyse
With the royalmes of Septemtrion echone
Longynge to his fader : coude nat his mynde suffyse
We lost haue the Nacions of lybye : echone
Asia the lesse : from vs is reft and gone
Whiche in tyme past was true obedyent
To the holy lawes of Faders auncyent

Of Europe moche haue we lost and forgone
Alas the excellent royalme of Hungarye
By this fals Turke had : vtterly, ben vndone
If it had nat hym resystyd noblye
And in lyke maner the men of Dalmacye
With blody Batayle and woundes wyde and depe
Cessyth nat they Royalme, from the fals Turke to kepe

But in theyr dredefull paynes and dolour
Theyr dayly warre and manly resystence
Seldome, or neuer, haue they ayde or socour
Of christen Sowdyours, to be at theyr defence
Thus by our slouth, and wylfull neglygence
Our fayth sore fadeth (alas) we it despyse
Suffrynge our enmyes to enter in this wyse

Alas no thynge increasyth nowe a dayes
Vnto our fayth our londes to augment
But euery thynge contynually decayes
And namely our fayth and vertue excellent
Who is so stuburne of stomake or intent
Whiche coude nat this dolefull fortune sore bewayle
Rendynge his here his face and apparayle

Forsoth I thynke so harde hertyd is none
But bysyde these forsayd losses or damage
From vs alas the Ilys of Grece ar gone
Whiche longe tyme kept our fayth and our vsage
The Traciens from vs ar reft by the outrage
Of the Turkes : Obeyinge to theyr ydolatry
So doth Achynus, and eke Masedony

We Sparta haue lost, by this fyers tyrant
The cruell Turke, and Tessaly also
With his swete Laundes goodly and pleasaunt
We haue lost Thebe, and dyuers Cytees mo
With dyuers mo Iles as Mysia : both the two
And Constantynoble that Cyte excellent
Vnto the Turke nowe is made obedyent

This noble Cyte, worthy and lawdable
Condigne to be gouernyd by an emperour
Vnto the noble Rome moste lyke and comparable
Is nowe in thraldome, bereft his olde honour
And also the fayth of christ our sauyour.
What shall I wryte farther of the ruyne
And fall of our fayth, and holy lawe dyuyne

To christen men it is great vylany
And shame : to suffer our fayth thus to decay
The Turke hath all won : by his tyranny
Yet that, his mynde contentyth by no way
But yet more ouer he stodyeth euery day
Nat cessynge his Army and Batayle to renewe
Vs and our landes in lyke wyse to subdue

The noble Cecyle is dayly in great dout
Istria : pannony, and also, Lumberdy
And dyuers other Nacions there about
As Sycyll, the Stiryans Venyce and Italy
These Ilys, and regions quakyth contynually
The royalme of Naplys lyueth also in dout
Of the fals Turke besegeynge it about

The royalme of Denmarke with his hyll ethnay
As men sayth, brennynge alway with flamynge fyre
Scantly escapyth the Ieopardous affray
Of these fals Turkes, and theyr cruell Impyre
Agaynst all christen royalmes they conspyre
But namely subdue they vnto captiuyte
Suche royalmes as ioynynge vnto theyr marchys be

O holy Rhodes thou nedys moste entende
With thy noble knyghtis thy manhode and vertue
The fayth and Crosse of Christ for to defende
And to ouerthrowe, and manly to subdue
The Turkes, and theyr lawes moche vntrue
O noble place thou moste the payne abyde
Though thou assaylyd be sore on euery syde

Bagiazit a Prynce moche proude and pyteles
With his wylde people full of crudelyte
Prepareth armour our to people oppres
By batayle horryble, dayly contendyth he
Our costes to brynge into captyuyte
And onely that purpose fyxeth in his hert
Our holy fayth, by rygour, to subuert

He is throughe persyd with fury serpentyne
With madnes enuyroned : and that on euery syde
Rauynge in his rage, as Bacchus god of wyne
So that no christen man dare hym abyde
For with dolefull deth, and blody woundes wyde
He them sore vexeth, but suche as he doth kepe
And saue on lyue : he layth in pryson depe

With no maner blode this thyrst is facyate
Vnto these Turkes, whiche neuer ar content
With cruell Batayle they bete agaynst the yate
Of our christen Royalmes, with strokes vyolent
Wherfore o Rome, o Cyte excellent
O flour of our fayth, o Peters holy chear
Be ware : for why great cause thou hast to fear

Beholde this Sect vomyteth out madnes
Enflamyd by the fende with furour infernall
Our holy fayth, and the, also doutles
By ferefull rygour for to make bonde and thrall
The wolfe (alas) sore wastyth ouerall
The Innocent folde, of christ our sauyour
Drownynge the sheepe in drede, wo, and dolour

They al deuour, no man is founde so bolde
Them to withstande, thus without resystence
They flee both man, and woman, yonge and olde
Hauynge no respect to godly Innocence
Yet we, alas, by slouth and neglygence
Plungyd in the wawes of voluptuosyte
Make no resystence to this calamyte

Of men and harnes whiche longeth to batayle
We haue ynoughe : and capytayns excellent
With strength ynough, bolde corage and counsayle
We lacke no thynge that is expedyent
As wyt, and wysdome, wyse practyse and prudent
But yet suffer we, these turkes to procede
And them to resyst haue we no care nor hede

We lese our fayth (alas) and wyllyngly
To our great shame (forsoth) and dishonour
The cause is : for that slouth doth occupy
The mynde of euery kynge and gouernour
Our states slomber, both kynge and emperour
And Palynurus the hede of christente
And chefe lodes man : slepyth in his See

Thy people Peter in ryches abundaunt
Slepyth in lyke wyse, and in lyke neglygence
As if that they were blynde and ignoraunt
Of this great peryll and inconuenyence
Our holy fayth without faut or offence
Without helpe lyeth open : to the Turkes hande
To be defyled, no man doth hym withstande

None lettyth this cruell ennemy to rage
By royalmes and Cytees, but as we se playnly
Theyr owne selfe they subdue vnto bondage
And ferefull deth wyllynge and gladly
Therfore this turke (alas) moche cruelly
Where euer he comys, by batayle violent
Demynyssheth the fayth of god omnypotent

And that as a conquerour valyent and stronge
But doutles I suppose in myne intent
That the greuous synnes raynynge vs amonge
Be the chefe causers of this sore punysshement
We it deserue : therfore god hath it sent
As scourge and penaunce for our vyciousnes
And that by due order of his rightwysnes

We worshyp ryches, therto we vs subdue
To golde and treasour we make our sacryfyce
Our fayth is exyled (alas) so is vertue
With vs abydeth no thynge, but synne and vyce
The execrable hunger of golde and couetyse
And the vayne pleasour of Folys fraudelent
Subduyth our bodyes to worthy punysshement

The heuenly vergyn from vs is dryuen hens
I meane that iustice is blynde in christente
Or out of the grounde, disdaynynge our presence
With hir thre systers, strength or audacyte
Prudence and temperaunce also exylyd be
Charyte is banysshyd also from eche place
For whose absence, alas we haue no grace

All christen Royalmes ar thus corrupt with syn
And gyuen in so moche to slouth and ydelnes
That eche man stodyeth part of some royalme to wyn
Suffrenge the Turkes our fayth thus to oppres
In tyme past, Rome lanterne of worthynes
Chose four Susters, of Cytees pryncipall
Felawes of the fayth, and in honour egall

The firste was Jerusalem in holynes shynynge
The seconde Alexander so callyd first of all
After the name of that moste noble kynge
The thirde Antyoche, a place or hold royall
The fourth Constantynoble whiche euery man dyd call
Newe Rome, and onely bycause of the lykenes
But nowe, mysbyleuers, doth all the same oppres

These Cytees nowe ar take from vs away
By the fals enmyes, of our godly byleue
Besyde all this yet ryseth euery day
Newe sectis of gentyles our costes for to greue
And fals prophetis whiche dayly doth repreue
And defyle our fayth in as moche as they may
Yet fewe, or none at all doth them gaynsay

So blynde ar our hertis, opressyd in derkenes
And also our iyen, this peryll wyll nat se
Therfore we ar worthy to suffer this distres
Suche is our lyfe, and our fragylyte
And though we be drowned in depe aduersyte
Vnto vs denyeth Christ socour for to sende
For that we nat purpos our lyues to amende

The Turke to his Idols hath gretter reuerence
And more deuocion, to his fals lawe and doctryne
Than we christen men without obedyence
Haue to our true fayth, and holy lawe dyuyne
Concorde and peas ar fall into ruyne
Vnmekenes vs pleasyth : disceyt and vsury
The pore, and good we, oppres by rebbery

Neyghbour agayne neyghbour, the son agayne nature
Agaynst the Fader, and echone nowe adayes
Anothers londes desyreth to procure
By falshode, oppressyon, or suche disceytfull wayes
The states ar vexyd by foule dyscorde and frayes
But yet both they and men of lowe degre
Seke but theyr pryuate profyte and owne vtylyte

Euery man seketh but for his owne auayle
Wherby our fayth decayeth dayly so
Wherfore it is no marueyle without fayle
Though we our townes and Cytees thus forgo
Lesynge our royalmes, to our great payne and wo
And namely suche as were most auncyent
Best groundyd in the fayth of christ omnypotent

No thynge is left : nought doth to vs remayne
Anone the Turke shall with his hoste cruell
Enter on our costes to our great losse and payne
Yet labour we nat his furour to expell
But namely suche as other doth excell
In byrth and ryches, strength and audacyte
Labour leste to chalange and defende our lybertye

The yate is open : The way is open made
Wherfore o Rome. o Rome moste excellent
I fere me sore lyst thy honour shall fade
Thou skant shalt escape, nor fle the punysshement
The storme on the comyth cruell and vyolent
A kynge the byldyd and eft a counsellour
Encreased thy name, and brought the to hnour

Than had this Cyte so hye a name royall
That through the worlde it spred abrode his fame
And also vp vnto, the Heuen Imperyall
Than after was it subgect vnder the name
Of an emperour, to honour and nat shame
Yet after it was agayne admyttyd fre
But nowe may it fere, agayne in seruytude to be

No man resistyth agaynst this vyolence
Our fayth also demynysshyth euery day
By culpable synne, and our noyson offence
Whiche at the ende hath greuous payne alway
O christen Prynces therfore do that ye may
Our fayth to socour, out of captyuyte
Sauynge your owne londes, your lyfe and lybertye

O worthy prynces and lordes Italyen
Ye stoberne Flemynges and ye of Pannony
O subtyle Lumberdes, Spanyardes and Frenchmen
And o holy Fader the Pope moste specyally
Lay to your handes by strength and polycy
Our fayth to defende, and helpe ye shall nat want
Throwe out your dartis with handes tryumphant

Expell your wrath, set statelynes asyde
Be stedfast in fayth : keep ay in humylyte
Let constance and peas amonge you ay abyde
With knot perpetuall of loue and amyte
Haue one assent, in concorde all agre
Ioyn hande to hande, prepare you vnto warre
Take soone your armour, and no more tyme diffarre

If peas be with vs, concorde and amyte
We may from our costis the cruell turke expell
And so kepe our fayth in stedfast lybertye
One hope we haue, our ennemyes to quell
Whiche hope is stedfast if we ourself do well
For Henry the eyght replete with hye wysdome
By iust tytyll gydeth our Septer of kyngdome

This noble Prynce begynnyth vertuously
By iustyce and pyte, his roylme to meyntayne
So that he and his : without mo company
May succour, our sores by his manhode souerayne
And get with his owne hande Jerusalem agayne
He passyth Hercules in manhode and courage
Hauynge a respect vnto his tender age

He passeth Achylles in strength and valyance
His fame nere as great, but as for his larges
And lyberalyte, he shewyth in countenaunce
That no auaryce can blynde his rightwysnes
Couetyse hath left behynde hym his ryches
Vnto the hyghe possessyon, of lyberalyte
Whiche with the same shall kepe, our lybertye

Let go Pompeius : and Camyllus also
And Sylla, for none of them wyll I commende
This Prynce I prayse alonely and no mo
Whiche is moste abyll our fayth for to defende
He is moste worthy by honour to ascende
Vnto a noble Diademe Imperyall
So is my hope, that he hereafter shall

Than shall he our fayth establysshe and make sure
Defendynge the Churche and christis herytage
There shall no Turke be abyll to indure
His rampynge Lyons rorynge in theyr rage
Nor none of all the Sarrazyns lynage
Thus may our Prynce be shelde of christendome
By strength and ryches, but namely by wysdome

His armys victorious shall spred abrode theyr fame
Ouer all the worlde, for he may wyn agayne
Jerusalem : and the Crosse within the same
With the holy toumbe : for this is my trust certayne
That if he begyn : he nought shall do in vayne
For god and his sayntis shall helpe hym for to fyght
Saynt george our patrone shall eke augment his myght

But o englysshe states I humbly you requyre
Vnto your kynge of hert and mynde be true
Submyt your selfe gladly to his empyre
So shall ye lyghtly your ennemyes subdue
And syth that all Christen prynces doth eschewe
Labour and payne, for the holy faythes defence
In the name of god do ye your dylygence

Though Aufony slepe and also Italy
The kynges of Sycyll and also of Fraunce
And they of the Churche for none of them truly
Defendyth the fayth, but labour to auaunce
Theyr proper londes, suche is theyr gouernaunce
That christen kynges this wyse togyder fyght
Suffrynge the fayth decay before theyr syght

They knowe the cause, hauynge power and myght
Yet wyll they nat the holy fayth defende
Therfore lede ye your Host of men forth right
These Turkes to subdue.   If ye so condiscende
Than be ye sure Christ shall you socour sende
Of angels heuenly to your ayde and defence
And brake theyr Tentis with his hande and presence

The noble Henry of Englonde is at hande
Of kynges noblest, of worthy auncetrye
Whiche shall you helpe to wyn the holy lande
And brynge these tyrantis vnto Captyuyte
Enuy who wyll : none rightwyser than he
Is in the worlde nor of more noblenes
Nor more habundant in treasour and ryches

His maiestye presentyth a kynges countenaunce
His maners honest, and full of noblenes
He seketh nat his kyngdome to auaunce
By gyle disceyte : nor other lyke falsnes
His mynde nat elate with scornfull statelynes
But in the playne path of goodnes lawe and right
The fere of god alway before his syght

As longe as this noble Prynce shall be our gyde
With vs all honour godnes and ioy shall growe
With perfyte peas about on euery syde
In welth and ryches we shall habounde and flowe
And if there be any of statis hye or lowe
Whiche by yll councill wolde cause hym to mysdo
God graunt them no myght, no space ne tyme therto

There is no Prynce of greatter excellence
I trowe none lyuynge of hye nor lowe degre
Wherfore let them do hym obedyence
As to theyr hede : and moste of dignyte
Obey to hym Prynces than trust I ye shall se
That by his manhode, and counsell souerayne
All that his lost, we shall : soone wyn agayne

And ye christen Prynces who so euer ye be
If ye be destytute of a noble Capytayne
Take Iamys of Scotlonde for his audacyte
And proued manhode if ye wyll laude attayne
Let hym haue the forwarde, haue ye no disdayne
Nor indignacion, for neuer kynge was borne
That of ought of warre can shewe the vnycorne

For if that he take onys his spere in hande
Agaynst these Turkes strongly with it to ryde
None shall be abyll his stroke for to withstande
Nor before his face so hardy to abyde
Yet this his manhode increasyth nat his pryde
But euer sheweth he mekenes and humylyte
In worde and dede to hye and lowe degre

In prudence pereles is this moste comely kynge
And as for his strength and magnanymyte
Concernynge his noble dedes in euery thynge
One founde or grounde lyke to hym can nat be
By byrth borne to boldnes and audacyte
Vnder the bolde planet of Mars the champyon
Surely to subdue his ennemyes echone

Mars hath hym chosyn : all other set asyde
To be in practyse of Batayle without pere
Saue ryches lacketh his manfull myght to gyde
He hath nat plentye of all thynge as is here
The cause is that stormes in season of the yere
Destroyeth the corne engendrynge so scarsnes
Whiche thynge moche hurteth this Prynces worthynes

Let hym be formest, than dout ye nought at all
For onely his loke (so bolde is his courage)
The turkes pryde shall make decay and fall
Lyke to a Lyon in dedes he shall rage
Thus he beynge gyde the fury shall asswage
Of the fals Turkes : so that they shall be fayne
Our christen londes to vs to yelde agayne

If the Englysshe Lyon his wysdome and ryches
Conioyne with true loue, peas and fydelyte
With the Scottis vnycornes myght and hardynes
Than is no dout but all hole christente
Shall lyue in peas welth and tranquylyte
And the holy londe come into christen hondes
And many a regyon out of the fendes bondes.

THENUOY OF ALEXANDER BARCLAY.

O worthy estatis of Christendome echone
Consyder your power and your habylyte
Let slombrynge slouth away fro you be gone
Fere nat to fyght for your lyfe and lybertye
Let eche man do after his power and degre
To withstande the Turke and the fayth to defende
If we manly fyght : and all in one agre
Than without dout god shall vs socour sende

Of flaterers and glosers.

He that wyll flater a hors of hye corage
Clappynge or touchynge : if that he stande to nye
May happen to haue the fote on his vysage
To his great hurt : and who that subtylly
Wyll flater an estate to get some good therby
He often at the last is cast out of fauour
For flaterynge pleaseth no wyse man of honour

Our folys yet encreasyth more and more
But as for those that nowe themselfe present
I thought to haue set them in a shyp before
Where as ar seruauntis fals and fraudelent
But by no meane wyll they therto consent
They coueyt a shyp for them selfe to attayne
Therfore for them this shyp I nowe ordayne

Great lordes seruauntis, wyll nedes sayle apart
Alone by them self they coueyt for to be
For they ne can well vse theyr craft and art
Of gyle and flaterynge amonge the comontye
And if that ye wyll knowe what men these be
They ar fals flaterers fyllyd full of gyle
And fowle corrupcion : as is a botche or byle

A crafty flaterer, as nowe is many one
With grettest lordes coueytis alway to dwell
Also they labour to knowe eche thynge alone
Yet can they nought kepe secrete in counsell
But with the comon Folys for that they wyll nat mell
I ordoyne to them this Barge here present
Lyst theyr fraude myght be theyr owne impedyment

The kynges Court nowe adayes doth fede
Suche faynynge flaterers : and best they ar in grace
As chefe with theyr lorde, by lyes gettynge mede
Some with a fals herte, and a payntyd face
In his lordes seruyce to haue chefe rowme and place
Into his lordes erys yetyth secretly
Lyes venemous, debate to multyply

Another can pyke vp the fethers properly
Of his maysters clothys if they syt nat right
He maketh them yet for to syt more awry
To take occasion them clenlyer to dyght
Another ay bydeth in his maysters syght
Nat to his profyte, but to his charge and coste
But to support hym, if he do crake or boste

These faynynge flaterers theyr lordes thus begyle
Yet ar theyr lordes therwith right well content
They laughe out lowde if that theyr lorde do smyle
What euer he sayth they to the same assent
And in so moche ar they fals and fraudelent
That if theyr mayster say that the crowe is whyte
They say the same, and haue therin delyte

They flater theyr lorde with wordes fayre and gay
And vayne roundynges to cause hym to byleue
That all is trouth whiche they vnto hym say
Another hym stryketh and claweth by the sleue
Another with fals talys his neyghbour doth greue
Vnto a ryche man accusynge hym falsly
To syt at his dysshe and get some mete therby

Thus cause these flaterers, malyce and discorde.
The ryche oft desyreth suche lyes for to here
Eche flaterer is in chefe rowme with his lorde
Whan a symple seruaunt must nedes stande arere
The playne man hungreth, the lyer hath the chere
No man in Court shall nowe a lyuynge fynde
Without that he can bowe to euery wynde

The tre that bowyth to no wynde that doth blowe
In stormes and tempest is in moste ieoperdy
And often with sodayne blastis ouerthrowe
Therfore these flaterers to eche wynde aply
And he that can, vpholde his maysters lye
With ye and nay, and helpe hym if he tryp
Obteyneth nowe grettest honour and worshyp

Many one in flaterynge cometh to great honour
The cause is : for grettest statis nowe a dayes
To be disceyued ar glad, and haue pleasour
In a dowble tunge beleuynge that it sayes
None is nowe beloued, but suche as vse the wayes
Of adulacion, and that can secretely
Whysper and rounde thynges ymagyned falsly

And they that haue lerned to forge tydynges newe
Ar most made of if they haue the scyence
By flaterynge wordes to make them to seme true
None settyth by seruauntis of faythfull dilygence
But for that punysshement foloweth eche offence
We dayly se these flaterers harde bested
And by theyr owne gyle, they vnder fote ar tred

THENUOY OF ALEXANDER BARCLAY.

Amende fals flaterers : it is a folysshe sport
And vayne besynes, for a small wretchyd mede
Folys in theyr lyes to flater and support
And whan all is done nat to be sure to spede
Thou shalt fynde truly : if thou take gode hede
That at the ende flaterers ar nought set by
But he that is playne, to flater hauynge drede
At last shall be rewardyd well and worthely

Of tale berers and Foles of lyght credence vnto the same.

He is lyght myndyd, and voyde of all prudence
Whiche alway is wont, without aduysement
To all vayne talys sone to gyue credence
Aplyenge his erys therto : with full intent
For why these brybours fals and fraudelent
And bablynge lyers, by wordes wors than knyfe.
Amonge men sawe debate and greuous stryfe.

These folys present I sholde haue callyd skant
Vnto my shyp to rowe amonge the mo
But that the Shyp before can them nat want
So these two sortis wyll nedis togyther go
For thoughe the flaterer hym selfe behauyth so
By fayned talys good lyuers oft to greue
They ar as lewde that wyll the same byleue -

He is a fole that his erys wyll inclyne
Lyghtly : to his wordes that is of suche vsage
Newe talys and tydynges dayly to ymagyne
And that apereth superflue of langage
For he showeth tokyns of foly and dotage
Whiche gyueth his erys to here suche wordes vayne
As myght his neyghbours honestye distayne

A fole is ay lyght, and hasty of credence
With erys open to eche tale that is newe
Wherof oft groweth great inconuenyence
But a wyse man suche talys can eschewe
Nat them byleuynge but if he knowe them true
He is nat hardy the whiche one stryketh sore
Behynde his backe : nat warnynge hym before

For who that is vnwarely strykyn so
Can for the same no helpe ne socour fynde
No more can he fynde remedy therto
That of taleberers is sclandred thus behynde
But nowe is he a mayster that hath suche wyly mynde
A rightwyse man with fals wordes to diffame
And many vngoodly gyue credence to the same

But who so euer vsyth this adulacion
Or that to vayne wordes gyueth to sone credence
Ar trayters, and full of abhomynacion
Cursyd and iniust stynkynge in the presence
Of god almyght : for by the same offence
Is sawen the sede of stryfe : and mortall wo
Amonge great statis : and comontye also

Therfore that man that quyetly wolde lyue
And rightwysely : with name of honestye
To flaterynge talys must nat his erys gyue
For a fals tunge fulfyllyd with iniquyte
By mortall venym infecteth eche degre
Brekynge the bonys (god wot) of many one
Howbeit the tunge within it hath no bone

By this vyce : the honour of hym that is absent
Thoughe it were gotten by way moste vertuous
Is hurt and distayned by worde malyuolent
Of it cometh many a vyce full peryllous
And it often tymes by wayes iniuryous
Jugement gyueth on man in his absence
Fals and iniustly by to hasty credence

By this maner, iustyce and lawe is vyolate
Vnto the absent moche noysom, harde and sore
Whan he is falsly accusyd by some state
Or some other man, nat assytyd before
Howe can he defende his cause well : whan no more
Tary is made, but forth right the sentence
Vnwysely is gyuen by to hasty credence

The wretchyd Aman byleuynge hastely
By Mardocheus the talys to hym tolde
Wolde hym haue put to deth vnrightwysly
If the Quene hester durst nat haue ben so bolde
The kynge to asswage, by wordes sad and colde
Wherby fals Aman in paynfull shame and care
Anone was hanged : and that in his owne smare

Ouer hasty credence without aduysement
Sende Saulis sone : myphiboseth by name
Great care and sorowe by paynfull punysshement
The noble Alexander most excellent of fame
Wolde neuer inclyne his erys vnto the same
For well he wyst to what inconuenyence
They fall : that ar to hasty of credence.

ALEXANDER BARCLAY THE TRANSLATOUR.

Consyder man wheder thou be lowe or hye
What thynge thou herest, before thou thynke it true
For flaterers ay speke fayrest whan they lye
Or whan they lyst to brynge vp talys newe
Beware of them : Theyr company eschue
They shall the cause to fall to suche offence
That all thy lyfe thou shalt it after rue
To them, if thou be hasty of credence

Therfore do thou as doth the god palfray
Whan they begyn to clawe the by the sleue
Flynge with thy helys : and dryue them so away
And with sharpe wordes be bolde them to repreue

Stop fast thy erys, or els fro them remeue
For be thou sure : to speke in short sentence
Mo men are marryd, than any wolde byleue
And greuously offende by to hasty credence

Of falshode, gyle, and disceyte, and suche as folowe them.

The vayne and disceytfull craft of alkemy
The corruptynge of wyne and other merchandyse
Techyth and shewyth vnto vs openly
What gyle and falshode men nowe do exercyse
All occupyers almost, suche gyle dyuyse
In euery chaffar, for no fydelyte
Is in this londe, but gyle and subtylte

O well of muses : o pleasaunt castaly
O susters nyne, with lowe benygnyte
I you beseke my wyt to multyply
By hundred folde, and tunges of lyke plente
Graunt to me strength to wryte the subtylte
The fraude, and disceyt, whiche is by gylefull wayes
Amonge all chraftis vsed nowe adayes

Without a hundred tunges great wysdome and respyte
Contynuall labour : and stody without ende
None can theyr gyles ne all theyr falshode wryte
Nor all fals folys in balade comprehende
So many be that thus theyr lyues spende
That all the shyppes ne galays vnto Spayne
Nor myghty Carakes can nat them well contayne

So they that ar abrode fast about may range
Rowynge on the see : myself theyr lode and gyde
In dyuers contres farre and londes straunge
And spred theyr namys about on euery syde
But dyuers ar the sortis, that the worlde wyde
In euery part doth infect and defyle
By fraudes fayned, and fals myscheuous gyle

Firste fals loue disceyuyth and doth greue
Both age : and youthe both wylde and prodygall
Lernyd and lewde : if that they it byleue
For vnder his tunge is hyd venym mortall
Frendes and felawes faynynge and fals with all
Also shalt thou fynde that of suche maner be
To speke fayre wordes mengled with sotylte

Suche in theyr hertis haue no fydelyte
And often we se that wycked and fals counsell
Disceyueth many by fals lyberalyte
Disceytfull wordes, dissymuled as gospell
Doth many abuse and from theyr right expell
And no maruayle, for almoste euery man
To his pryuate profyte intendeth what he can

None is that caryth for comon auauntage
Thus comon welth sore fallyth into decay
But ouerall, men ar fals of theyr langage
By lyes auaylynge them selfe all that they may
Brother begylyth brother as we se euery day
And the sonne the Fader desceyueth oft also
But though he can nat : yet is his mynde therto

No bondes of loue, amonge men nowe doth byde
Fals gyle vs gydeth, blyndyd is conscyence
And suche as within the cloyster doth abyde
Fyle theyr relygion oft by the same offence
Faynynge them sayntis whan they ar in presence
With ypocresy payntynge theyr countenaunce
So clokynge and hydynge theyr yll mysgouernaunce

Some shyne without : and as swete bawme they smell
But yet theyr hertis ar fyllyd with falsnes
And within the skyn more yll than man can tell
As gyle and disceyte, iust men therwith toppres
And wolues rauysshynge full of vnthryftynes
Bere shepes skynnes showynge nat that they be
Foxys within : shewynge out symplycyte

By suche falshode, they many one begyle
In vniust coyne, is founde also abusyon
And disceyt : whiche doth all the worlde defyle
By clyppynge and wasshynge, and lyke dymynusyon
Bysyde all this, yet in many a regyon
Suche folys stody to mengle and multyply
Eche sort of metall men do disceyue therby

And in theyr wretchyd ryches to abounde
The clyp, they coyne, and that : counterfayt metall
And the right kynde of golde they oft confounde
They sell precious stones nat true ne naturall
But counterfayt (for true) men to begyle withall
The coyne by falshode also oft lacketh weyght
Thus ouer the worlde is nought but gyle and sleyght

What shall I wryte of gyle and sotyltye
Vsed in weyght nomber, tale and mesure
Howe they bye with one, large, or weyghtye
And sell by a les : theyr conscyence is so obscure
Marchaundys also in gyle them them selfe inure
By dyuers wayes makynge them to seme plasaunt
True men to disceyue that therin ar ignoraunt

That whiche is nought they make seme good and fyne
But to touche a teuerners hye experyence
Howe lyghtly the knaue can brewe a bowle of wyne
As who sayth that he hath the craft and scyence
To amende that thynge that goddes hye prudence
Hath made parfyte, but he his owne to saue
By newe brewyd wyne, men bryngeth to theyr graue

In no man is trust, for euery man by gyle
And preuy falshode hath suche a craftynes
His occupacion by fraudys fals to defyle
Reputynge hym selfe wyse for suche disceytfulnes
Thus is there no craft, pore, ryche, more or les
But all ar vpholden with gyle and soteltye
Whiche falshode causeth that many neuer thye

But if I sholde tarry so longe here to expres
All the fals wayes and gyle done wrongfully
In eche occupacion, and euery besynes
It were to longe : therfore I say shortly
That he is happy whiche lyueth perfytely
Voyde of all fraude : but the trouth to reporte
In worde and dede, but fewe be of that sort

THENUOY OF ALEXANDER BARCLAY.

Thou that hast to do with worldly besynes
Outher occupacyon, in court or marchaundyse
Kepe clene thy conscyence, beware disceytfulnes
All fraude and gyle take hede that thou despyce
Than shalt thou to welth, ryches and honour ryse
And if thou be fals : beware of pouertye
Besyde hell payne, for Christ sayth in this wyse
That in his owne mesure eche man shall serued be

Of the falshode of Antichrst.

We haue before, a shyp sende forth to see
Swyft and, well stuffed with many a subtyll rout
But of lyke folys, yet many one there be
On our shyp sydes, clymmynge rounde about
I speke with pacyence : for why I am in dout
Lyst this company, of proude speche : yll and haut
With theyr sharpe dartis my feble shyp assaut

But if thou aske who they ar that me incomber
And what be theyr maners and conuersacion
Of whens they ar and howe great is theyr nomber
Of whome I intende to make declaracyon
Vnto thy questyons this is my relacion
And fynall answere, that they that thus me greue
Ar fals Christen men, nat perfyte of byleue

And fals Prophetis, nat folowynge the right
Whiche with fals hertis vnperfyte of credence
Nat duly worshyp the lawe of god almyght
Nor his holy doctryne, with worthy reuerence
And other suche as varye the true sence
Of goddes lawes, expoundynge other wyse
Than it in the text clere and playnly lyes

Suche counterfayte the kayes that Jesu dyd commyt
Vnto Peter : brekynge his Shyppis takelynge
Subuertynge the fayth, beleuynge theyr owne wyt
Agaynst our perfyte fayth in euery thynge
So is our Shyp without gyde wanderynge
By tempest dryuen, and the mayne sayle of torne
That without gyde the Shyp about is borne

I mean that euery fals interpretour
And vniust Prophete accordynge in assent
Defyle the lawes of Christ our sauyour
And also the fayth, but suche in theyr intent
Whan theyr owne selfe by errour fraudelent
Ar all corrupt, with synne agaynst the lawe
They stody : yet mo to theyr errour to drawe

Many they disceyue, by theyr myscheuous lore
Of theyr fals lawes castynge abrode the sede
Yet greuous paynes of Hell byde them therfore
But suche Hell houndes therof wyll take no hede
But certaynly all our byleue and crede
The whiche is āble to saue vs from hell payne
To vs is gyuen in wordes clere and playne

In our lawe ar founde no wordes disceyuable
No fals abusyon, nor obscure hardnes
But many folys of mynde abhomynable
For an hye name, for honour and ryches
Or for vayne pryde and fals presumptuousnes
To shewe theyr cunnynge, they men blynde and abuse
Makynge the playne lawe, obscure, darke and diffuse

They holy scriptures rehers moche other wyse
Than the holy goost them vttred first of all
The cause is that pryde them vexeth to aryse
To some hye Rowme, and a glory pryncypall
O blynde fole awake and to remembraunce call
The prophetis saynge. confermyd by the lawe
And so from errour thy synfull mynde withdrawe

Were it nat ynoughe for the to vnderstonde
The holy lawes : passynge in that scyence
But yet presumptuously to take on honde
To turne frowardly, the true and rightwyse sence
Chaungynge our fayth, by thy fals neglygence
Whiche fayth was sende from god omnypotent
By the holy gost to our faders auncyent

They seme in handes to bere a fals balance
Whiche falsly techyth the lawe of god almyght
Some poyntis thynke they heuy and worthy penaunce
And other some make they but small and lyght
By glose thus turne we the lawe agaynst right
Thus they that our faythis doctryne wolde confounde
Before Antichrist set tentis here on grounde

They set no tentis agayne hym for to fyght
But agaynst his comynge they ordayne great treasour
Other to subdue : for to encreas his myght
Them drawynge to his infaciable errour
Many one assembleth as to a conquerour
Obeynge and berynge his cursed cognysaunce
Assaynge for to put our fayth to harde vttraunce

Whiche trayters also them besely doth hast
With Antichrist theyr mayster and theyr lorde
Theyr cursed lawes to spred abrode and cast
Ouer all the worlde, for to infect concorde
Bryngynge theyr fals goddes with them at one accorde
Suche folys ar nat drawen by scourge of punysshement
But to Antichrist of theyr owne mynde thassent

To be of his garde they yelde them wyllyngly
But some shall obey for meney and treasour
Whome he by lyberall gyftis crafty
Shall so attyce hym lowly to honour
Suche foles shall he bye and brynge to his errour
Se here howe money theyr soules shall defyle
But some shall he wyn by sotylte and gyle

Some by fals myracles and some by punysshement
Shall this fals Tyraunt to his seruyce procure
But than by the myght of god omnypotent
This wycked Nauy longe tyme shall nat endure
But whyle these Folys shall thynke them selfe most sure
Theyr shyppys shall dryue and shortly at the last
By myght of god they all shall ryue and brast

Togyther shall they fall vnto the pyt of hell
And suche be releued as they put vnto payne
Antichristis Charettes and Cartis shall cesse theyr yell
And the true lawe and fayth sprynge vp agayne
But iu the mean space, alas we may complayne
For the shyp of Peter in stormes and tempest
Is throwen and cast clene destytute of rest

The Mast nowe meuyth the taklynge and the sayle
O god wythsaue the wayke shyp to socour
From the fals Herytikes that dayly it assayle
With great violence and manyfolde rygour
For with fals Doctryne, conteynynge great errour
The holy scriptures some labour to expounde
But the true fayth full pyteously is drowned

Thus fals Antichrist, the fayth of Christ to stent
Into the wyde worlde his messangers doth sende
As swyft Currours, onely for that intent
His Tentis to prepare, his Army to defeude
And to cause the Chrysten to hym to confydence
By the fals sede of errour that they sawe
Before his comynge agaynst our fayth and lawe

But thre maner thynges I fynde that be certayne
Whiche ar well worthy for to be notyd here
For they our fayth support, defende and meyntayne
The firste is the wysdome and great grace that apere
From a Bysshops mouth by doctryne playne and clere
But ouer the worlde if that poynt were well sought
For the most part it slepeth and is set at nought

The seconde is of Bokes store and abundaunce
Whorin ar the lawes of Christ our sauyour
Whiche rottyth nowe, the cause why in substaunce
Is for they haue no iust interpretour
Of the holy lawes, nor good exposytour
The thyrde is Doctryne, wysdome, and scyence
But that nowe decayeth by slouth and neglygence

And if that a man haue cunnynge parfytely
Labourynge by it to make men leue theyr vyce
The rude commontye shall set no thynge hym by
Therfore we nowe our selfe moste exercyse
In cunnynge to wyn coyne : by blynde Couetyse
Or some other blyndnes and conceytis newe
Whiche neyther sleyth vyce, ne shewyth vs vertue

Of bokis is plenty ynoughe in euery place
And some but pore theyr Shoppes haue stuffyd full
But fewe or none haue pleasour nor solace
The same to stody theyr myndes ar so dull
The ryche stodyeth, all, from the pore to pull
Disdaynynge to set his mynde on gode doctryne
For none saue the pore doth nowe therto inclyne

Suche as ar noble and excellent of fame
To rede in bokes of wysdome haue great scorne
The noble and holy lawe this wyse is lame
And wytty Pallas so by the here is torne
I mean that wysdome hir greuous fall doth morne
For they that to hir doctryne moste aply
Can get no laude, but malyce and enuy

No mede ne rewarde is gyuen to wysdome
Thus is the labour of stody lost in vayne
By suche neglygence, alas the tyme is come
That fals Prophetis our holy fayth distayne
They all shall turne if fauour them meyntayne
And if they that preche for mede and vyle rewarde
.Shall them supportyth : our case shall be full harde

THENUOY.

O ye that to Antichrist disciples be
Or fore messangers the chrysten to accloy
Corruptynge the lawes by your iniquyte
Alas what may I vnto you nowe enuoy
Your wycked errour your soules shall destroy
Wherfore I pray you your herte therfro withdrawe
Els shall ye haue Hell payne destytute of ioy
For none ar saued that corrupt goddes lawe.

Of hym that dare nat vtter the trouth for fere of displeasour or punysshement.

Who euer he be, that for loue, fere or mede
For fauour, thretnynge or suche lyke accydence
Sayth nat the trouth lyke as it is in dede
But stoppeth his mouth, and kepeth so sylence
To please the people allowynge theyr offence
And sparynge theyr fautes, it playnly doth apere
Suche to Antichrist is frende and messanger

Many hath a mynde redy prompt and clere
To knowlege, and to preche the very lawe dyuyne
And to say the trouth lyke as it doth apere
But oft, suche, by flatery or thretenynge declyne
From the way of trouth and verytable lyne
And so holy trouth and godly veryte
By fere they leue, disdaynynge it to se

Sothly I may say they vnderstonde nat right
That for loue or fere : dare nat the trouth expres
But hydeth it away from mannys syght
Doutynge displeasour of them that haue ryches
Thus is the power of wordly wretchydnes
More in theyr myndes than the commaundement
And chefe preceptis of god omnypotent

Why sholde he fere to preche and to expres
The lawes of god gyuen vnto mankynde
To whome our lorde of his great goodnes
Hath sende chefe gyftis : as reason of his mynde
With wyt and wysdome : the way therof to fynde
To fayne or to lye to hym it is great foly
Whiche hath the reason the trouth to fortyfy

But for that flaterynge so many doth ouercome
And rewardes, lettyth the trouth for to apere
Therfore the Fole, that sholde say trouth is dum
Hackynge his wordes that no man may them here
And if he knowe that any one is nere
Infect and scabbyd, he dare no worde let slyp
But layeth his fynger anone before his lyp

But suche a wyse man as Vyrgyll doth discrybe
Is stedfast, fereles, constant farme and stable
Nat lettynge, nor leuynge for fauour, loue, nor brybe
The trouth to shewe, and blame the reprouable
Ponderynge the furour of them that ar culpable
And blamynge the same, playne and openly
For veryte and trouth nat doutynge for to dye

The wyse man to vtter the trouth is nat aferde
Thugh he sholde be closyd within the bull of bras
Of Phalaris, the tyraunt : or if a naked swerde
Henge ouer his necke his lyfe so to oppres
For he that is wyse perfytely : doutles
Hath so establysshyd his mynde the trouth to say
That daunger of deth can hym no thynge affray

No lorde nor man of hye ne lowe degre
Nor thretnynge wordes, ne other punysshement
Can cause suche one in any poynt to lye
He showyth out the lawes of god omnypotent
In wordes playne, nat fals ne fraudelent
Nat ferynge to touche the foly and errour
Of Pope nor prelate, kynge ne emperour

Saynt Johnn the baptyst our lordes messanger
Withdrewe hym selfe into secrete wyldernes
Nat wyllynge amonge the people to apere
For theyr vayne grutchis and wylfull frowardnes
Yet dyd he euer the very trouth expres
As true messanger, the worlde to despyse
Therfore had he grace our sauyour to baptyse

He that doth one with pleasaunt worde correct
And colde pacyence that he may condiscende
To lerne the wayes his vyces to abiect
And take example his lyuynge to amende
Vnto thy wordes though he nat than intende
But the beholde with lokes sharp and harde
Yet tyme shall come whan he shall the rewarde

If he in hym haue any droppe of grace
He shall conuerte, rewardynge thy counsell
Therfor I say who euer is in that case
For worldly ryches, the trouth nat playne to tell
Puttynge bodely profyte before eternall well
Suche shall dye a Fole blynde and ignoraunt
And may to Antichrist be callyd pursuyuaunt.

THENUOY OF ALEXANDER BARCLY.

O precher thou deth ought rather to endure
Than for loue, fauour, fere or punysshement
The veryte to cloke, or make the trouth obscure
Or to hyde the lawes of god omnypotent
And if that any vnto thy deth assent
For prechynge trouth : receyue it paciently
So hath many sayntis theyr blode and lyues spent
Rather than they wolde hyde veryte, or lye

Of folys that withdrawe and let other to do good dedes.

He that wyll walke in the ryght way of vertue
And worshyp trouth iustyce and rightwysnes
And stody all pleasours mundayne to eschewe
Subduynge the flesshe and fende with his falsnes
Oft tymes suche one shall fynde contraryousnes
And byde and endure losse with aduersyte
By enuy of them that lewde and wycked be

He is a naturall Fole: and eke a dawe
And all his blode corrupt with folysshnes
Whiche labours to let, hynder and withdrawe
Good men and iust from dedes of goodnes
I wyll nat say, but some, there be doutles
That assay to folowe good maners and vertue
By stedfast lyfe, all synne for to subdue

But than thou fole: with all thy force and myght
Withdrawest hym backwarde full malyciously
Assaynge to hurt his wyll to good and right
Whiche he purposyd to kepe contynually
Thou hym withdrawest: this is the reason why
That a Fole hath chefe pleasour and confort
To haue all other lyke hym of the same sort

A fole is glad his nomber to augment
And euer is besy them namely to pursue
To hate and manace with malyce vyolent
Whiche iustly lyue in goodnes and vertue
But vyce hym pleasyth, for that doth he insue
A fole fast stodyeth to hym to drawe echone
Lyst he of foly myght bere the name alone

He gyueth counsell fals and reprouable
With all his myght to hym attysynge mo
Or els them troublyth by wordes moch vnstable
Whiche ar iust men, euer wyllynge good to do
A prysoner lyenge longe in payne and wo
Hath consolacion and great confort certayne
To haue many mo be partnes of his payne

Therfore if any whiche hath that gyft of grace
For to, despyse this worldes wretchydnes
Withdrawynge hym selfe to some solytary place
Anone this Fole lyuynge in viciousnes
Cryeth out, and blamyth suche parfyte holynes
This iust man condemnynge by wrongfull iugement
Bycause his lyuynge is nat after his intent

Suche frowarde folys all goodnes thus defyle
By wordes iniurious, and oft we here and se
That with suche wordes the good men they reuyle
Saynge one to other, lo yonder same is he
Whiche without make thynketh hym wyse to be
Secretnes he loueth, and theder is he gone
Nought can hym pleas, saue that whiche is alone

In christ and his sayntes he lyueth in dispayre
All worldly pleasour despysynge vtterly
He loueth nat to come in open ayre
But lorkyth in cornes by fals Ipocrysy
But we with our felawes lyue alway merely
And though we in erth oft tymes do amys
Yet hope we hereafter to come to heuyns blysse

Who that hym gydeth by reason and wysdome
Folowynge the way of parfyte righwysnes
Intendynge therby vnto hye heuen to come
Shall here suche wordes of foly and lewdnes
Spoken of these folys lyuynge in viciousnes
And no meruayle, for thou shalt neuer se
That synners shall with vertuous men agre

Alas thus conuersacyon worldly or mundayne
Is moche noysom, and so great preiudyce
That oft of vertue it maketh man barayne
And hym corruptyth with many a greuous vyce
And synners labour with all theyr myght to attyse
Vnto theyr lyuynge, corrupt and detestable
Suche as of lyuynge ar vertuous and laudable

Therfore if vertue, good lyfe and honestye
By thy selfwyllyd, and owne malyciousnes
Can nat haue place ne rowme to be in the
Yet trouble thou nat by thy vngraciousnes
Suche as ar good and lyue in rightwysnes
Fauour the good, and suffer hym procede
That is in the way of vertue and good dede

ALEXANDER BARCLAY TO THE FOLYS.

Amende thy lyfe man : expell thou thy offence
Submyttynge thy selfe vnto the true doctryne
Of godly wysdome ensuynge hir prudence
Wherin is groundyd scripture and lawe dyuyne
But if that thou wylt nat therto inclyne
By thy owne malyce and wylfull frowardnes
Yet hynder them nat, that go after the lyne
Of good instruccion, and vertuous goodnes.

Of the omyssyon or leuynge of good warkes.

It is nat ynoughe to bere a lampe in hande
But also thou must haue oyle and lyght therin
By whiche saynge : this thynge I vnderstande
That, man nat onely ought for to leue all syn
But also to do good : suche shall heuyn wyn
Heuyns yatis shall be opened to them anone
Whiche do good dedys, after vyce fro them is gone

O hertis of men in wylfull errour drowned
And through neglygence oppressyd sore in payne
Though your yll lyuynge hath brought you to the grounde
Seke the way of helth : and so ryse vp agayne
But playne I se whiche causeth me complayne
The myndes of all men beryed in derknes
None feryth punysshement of goddis rightwysnes

Alas mannes lyfe graffyd in synne and vyce
Contynuyth in vylenes, we plunge in the see
Our woundyd hertis : disdaynynge to aryse
Out of the slomber of our iniquyte
Alas man it is but small auayle to the
The deuylles lawes, and vyces to eschewe
Without thou withall sue goodnes and vertue

So to do good dedes it is a thynge laudable
As the Churche of god to support and meyntayne
In paynge tythes to be true and verytable
And in thy yonge age from vyces to abstayne
Folowynge vertue in dedes true and playne
And nyght and day to set thy mynde and wyll
All other poyntis of the lawe to fulfyll

But than in age for to go out of kynde
Thy lyfe defylynge with lewde mysgouernaunce
It lytell auaylyth as I thynke in my mynde
A whyle to lyue well, in suche inconstance
What helpeth it a whyle to haue a short plesance
The stedfast fayth for to folowe by vertue
And nat in the same alway to contynue

At last whan god shall iuge all mankynde
And that the trompes sounde shall them vp call
Vnto his iugement : nat leuynge one behynde
Than shall there be made a count in generall
And eche man shall showe out his dedes all
Bothe great, and small, receyuynge theyr rewarde
Some of great ioy : and some of paynes harde

He that wyll there haue ioy of god almyght
Must haue his Lampe clere and yllumynate
And of gode dedes shewynge abrode the lyght
But whan the Lampe here is voyde or maculate
And in the kyndlynge therof is slowe or late
As wyllynge to do well, whan his lyue dayes ar wore
He often is disceyued, and abusyd right sore

He is vnware, and clene without wysdome
That doth no good dedes longynge to charyte
Tyll the extreme houre of bytter deth do come
So moche hopynge, and trustynge euer is he
In hope of recoueraynge from his infyrmyte
That nought he caryth those wordes that Christ shall say
Sharply to synners at Domys dredefull day

But if a wyse man by deth sodaynly fall
Whiche caryth to prepare his ende before he dye
His deth ought to be rewed nowght atall
Syth he here hath lyuyd well and vertuously
And sende his good dedes of pyte and mercy
Before deth to make for his soule purueaunce
O well is hym that hath suche remembraunce

By vertuous dede to prouyde a place before
With god in the glorious heuen Imperyall
Where as is lyfe that last shall euer more
Euerlastynge lyght, and ioy perpetuall
But that blynde fole shall haue a greuous fall
Whiche nat inclyneth to vertue nor wysdome
Nor any good dede tyll his last ende be come

Suche folys hath nought but foly them within
Whiche vnto the ferefull day of iugement
If they sholde lyue, wolde alway lyue in syn
Nat dredynge infernall payne ne punysshement
But whan this blynde wretche hath thus his dayes spent
The grounde hath his Carkas, there his Corps must dwell
His sory soule beryed in the paynes of hell

Alas we folowe mortall thynges here
Vnsure incertayne : and all without wysdome
And as by our folysshe maners doth appere
We despyse prouysyon for the tyme to come
These worldly chargis doth folys thus ouercome
Fewe hath theyr myndes on god ne gode, stedfast
Thus meruayle nat, if god despyse them at the last

THENUOY OF THE TRASLATOUR.

O christen soules if ye wyll haue the syght
Of glorious god in his Royalme celestyall
Whan ye haue syn ouercome by godly myght
Ye most you indeuer to do good dedes withall

The lampe of thy soule clerely bren than shall
And at heuen gates knocke, and thou shalt come in
For that is rewarde, with ioy eternall
To them that do good : fleynge from wretchyd syn

But those wretchyd folys whose lampes lackyth lyght
By remysse myndes, slouth, or wylfull neglygence
May nat well clayme of our sauyour to haue syght
Nor to haue Rowme or place in his presence
Therfore to my wordes, o man gyue aduertence
Do vertuous dedes, and also vyce refrayne
Than without dout for this thy hye prudence
Thou shalt in heuen a glorious place obtayne

Of the rewarde of wysdome.

Two wayes lyeth before eche mannys syght
Of the whiche wayes man nedys one must holde
The one lyeth leftwarde, the other lyeth right
At whose ende we oft may se a crowne of golde
But at the leftis, ende, ar erys many folde
In sygne of Foly, and many folys be
Whiche leftwarde go, sekynge captyuyte

O Folys of pardon I you requyre and pray
And vnto you I shall also gyue the same
Take no displeasour with that that I shall say
And though my balade your maners touche or blame.
Nowe shall I wryte what laude what mede and fame
Ar gyuen to wysdome vertue and rightwysnes
And what is rewarde moste mete for viciousnes

Many ar whiche greatly desyreth an hye name
And famous honour, or tytyll of dignyte
Some ar desyrous, to spred abrode theyr fame
To be callyd Doctours, or maysters of degre
Moste clere in wysdome of the vnyuersyte
But these names coueyt they nat for this intent
The christen to infourme, that of wyt ar indigent

Nor in holy doctrine them self to occupy
As in scripture or lawes of Christ our sauyour
Or other godly techynge our fayth to fortyfy
But onely they ar drawen and led to this errour
For desyre of fame, vayne lawde, and great honour
Suche walke in the way that is on the left syde
On rockes and clyffis and hyghe mountayns of pryde

They leue the right way of goodnes and vertue
Of iustyce and wysdome, hauynge no thought atall
Howe they myght ignoraunt myndes with them endue
And fede them with that sauour delycious and royall
And other with theyr wordes hye and retorycall
Theyr sentences paynt in fauour for to come
Or therby to purchace a name of hye wysdome

But sothly all worldly wysdome and prudence
Vsyd here in erth, is before god almyght
Of none effect, and all worldly scyence
Is but as foly in that hye lordes syght
Thus many one beleue that they go right
And towarde the right hande vnto the way of helth
By theyr vayne pleasours, lust and worldly welth

They suppose to walke in the way of rightwysnes
Whiche bryngeth man by gode labour contynuall
Vnto the endles ioy, and seat of blessydnes
Of the hye kyngdome and place celestyll
But neuertheles, ignoraunt foly with hir pall
So blyndeth theyr myndes, that they nat vnderstande
Mean to kepe duly the path on the right hande

That way is harde, streyght, and full of diffyculte
Whiche mankynde ledyth to the heuenly regyon
But that way is brode, easy and playne to se
Whiche ledeth man to Hellys depe donygon
Therfore thou must stablysshe thy intencion
(If thou wylt be partyner of heuenly ioy and chere)
To despyse vayne pleasour whyle thou art lyuynge here

Thou art vnwyse, if that thou set thy thought
To wyn heuenly ioy by worldly pleasour
Or to take that thynge whiche thou neuer bought
Or aske rewarde where thou dyd no labour
And surely he whiche lyueth in errour
Folowynge his foly in vyce without all shame
Shall haue iust rewardes accordynge to the same

Also the wyse that lyueth rightwysely
Shall nat depart without rewarde and mede
But be rewardyd right well and worthely
With gyftis of heuen, whiche sothly shall excede
In valour, all the worlde in lenght and brede
This ioy that I of speke, so passynge in valour
Is the holy presence of Christ our sauyour

So Plato dyd folysshe company eschewe
And all other folyes procedynge of the same
Walkynge in the way of goodnes and vertue
Wherby he wan, laude and immortall fame
But nowe worldly wysdone hath so corrupt the name
That none it makyth happy vertuous nor wyse
But hym that with hert and mynde doth it despyse

THENUOY OF ALEXANDER BARCLY

Lerne man, lerne, wysdome to vnderstonde
For trust me though that the way of viciousnes
And dedely synne, lyenge on the left hande
Seme full of pleasour and wanton lustynes
At the ende is dolour wo and wretchydnes
Mysery vexacion and euerlastynge payne
And if sodayne deth in this way the : oppres
To late shall it be for retourne agayne

Auoyde thou therfore this left and frowarde way
For a short pleasour take nat eternall payne
Go on the right hande in as moche as thou may
And whan thou art there retourne thou nat agayne

And though the path be nat moche smothe and playne
But full of sharpe thornes whiche shall the hurte and noy
Yet at the ende, thou shalt come to certayne
A heuenly castell replete with myrth and ioy

Of the despysynge of mysfortune.

He is a fole and greatly reprouable
Whiche seyth and felyth suerly in his mynde
That all his dedes ar moche infortunable
And where euer he go agaynst hym is the wynde
But in his mysfortune yet is he so blynde
That he is improuydent, abydynge wyllyngly
Despysynge (thoughe he myght) for to fynde remedy

The greuous fallys of men from theyr degre
The frayle chaunsys, and aduersyte sodayne
And of vnsure fortune the mutabylyte
Whiche we se dayly, shewyth vnto vs playne
That in all thynges that to men apertayne
Is no constance, trust or confydence
Nor sure degre, or stable permanence

For these vayne thynges the whiche we outwarde se
Syns they ar so caduke in condicion frayle
Can none make perfyte in true felycyte
But that somtyme he may fynde cause to wayle
Nor no man by preuate wysdome or counsayle
Nor strength, or labour can make a warke so fast
But that it shall perysshe and decay at the last

But here I purpose of suche a Fole to wryte
To whom eche fortune is aduers and contrary
And yet hath he chefe pleasour and delyte
With all his mynde and herte for to apply
To thynges of fortune, that contynually
Of cruell chauncis he hath but lytell hede
Trustynge afterwarde moche better for to spede

He is nat ware, but bare without wysdome
That can nat consyder surely in his mynde
That whan one yll is past : as bad may after come
If he hym ieparde to suche lyke storme and wynde
Let suche nat thynke it thynge against kynde
Nor any meruayle if theyr shyp without ore
Mast or sayle, be drownyd rent and tore

If any mysfortune happen on the to fall
At the begynnynge of thynge that thou wolde do
If thou go farther may fortune that thou shall
Haue after that same, other yllys many mo
For wyse men sayth, and oft it fallyth so
As it is wryten and sayd of many one
That one myshap fortuneth neuer alone

An yll fortune growyth alway more and more
The ende oft is greuous : and euer vncertayne
And if thou hast had one mysfortune before
Another lyke sone, may after fall, agayne
Thou mayst se example before the clere and playne
By dyuers changes whiche playnly thou mayst se
By fallys contynuall, full of aduersyte

Thus fortune floweth oft synkynge at the last
And playne shall perysshe if thou the space abyde
Thus happy is he that is of mynde stedfast
Doynge his deuoyr the same ay to prouyde
So muste he do whiche hath desyre to abyde
In suertye and rest : for dayly thou mayst se
Howe ferefull fortune sodaynly crepys on the

Who that dare auenture or ieparde for to rowe
Vpon the se swellynge by wawes great and hye
In a weyke vessell, had nede that wynde sholde blowe
Styll, soft, and cawme, lyst that he, fynally
And also his shyp : stande in great ieopardy
Throwyn with the flodes on the se depe and wyde
And drowned at the last : or rent the syde fro syde

And also he whiche hath no craft nor skyll
And dare auenture on the wylde se to rowe
By his rasshe mynde his mad brawne and self wyll
No meruayle is if the wawes hym ouer flowe
And if he than escape and be nat clene ouerthrowe
If he after dare ieoparde hym selfe agayne
To the same peryll : he is a fole certayne

But he is wyse, and so men may hym call
Whiche hath nat alway his trust and confydence
In vnsure fortune and chaunsys inequall
And of the same can beware by prudence
That man is haphy, and shall fle the violence
And furour of the see, though it moche rughly moue
And with his shyp enter the heuenly port aboue

Thenuoy &c.

Beware of mysfortune, ye men, in that ye may
And in that thynge that comyth vnfortunate
Procede nat : but your mynde drawe ye away
And if by good fortune that ye be eleuate
To some hye rowme conuenyent for a state
Whyle ye ar there, ye ought you euen to bere
For myshape prouydynge both erly and late
And than if it come ye nede nat greatly fere

We haue late sene some men promotyd hye
For whose sharpnes all men fered theyr name
But for they toke on them than theyr degre
Myght nat support : they fell down in great shame

But well myght they haue contynued without blame
If they had kept them within theyr boundes well
By right and iustyce : but oft full yll they frame
That wyll be besy with to hye thynges to mell

Of bacbyters of good men and of them yᵗ shal disprayse this warke.

Oft so it hapneth that he that is vnwyse
With his lewde tunge, and mouth full of enuy
Doth wyse men and iust sclaunder and despyse
About the Cattis necke suche men a bell doth tye
Thynkynge that theyr dedes may be kept secretely
And to haue no name therof they thynke echone
But yet the dogge cryeth, stryken with the bone

Nowe shall wyse men enioy and haue pleasaunce
With inwarde myrth and also outwarde sport
With mery lokes of chere and of countenaunce
Seynge that we haue gathred so great a sort
Of folys in one boke : To rede to theyr confort
The wyse men shall enioy : and they that loue vertue
That we by craft haue forged this Nauy newe

Our shyp sayleth nat abrode vnto presence
Vnto the rebuke of vertuouse men and wyse
For in suche is small faut, synne, or offence
Wherfore no man ought them blame or despyse
We coueyte nat to perysshe theyr fame in any wyse
But pray god in ioy to contynue them a lyue
And that yll lyuers may mende, or neuer thryue

Amende may they well if they lyst to take hede
For here haue we gyuen them holsome medecyne
To rule theyr lyfe, also we haue in dede
Vnto them gyuen, of maners, good doctryne
Who lyst them to rede, and to them to inclyne
If he be wyse : he shall auoyde doutles
The clowdes of synne : and nettis of folysshnes

Suche I commende as ar worthy great honour
But other be whiche sore I hurt and blame
By my wrytynge : for theyr mysbehauour
Syns that of Folys they well deserue the name
Yet may they nat (without theyr owne great shame)
Disprayse my wrytynge boldly by any way
Nor rasshly yll wordes ayenst the same to say

Yet dout I nat : but surely knowe it well
That some shall be whiche ayenst my wrytynge
With harde and frowarde wordes shall rebell
And it contynue, and hurt in euery thynge
But if that suche be wyse men and cunnynge
They shall my youth pardone, and vnchraftynes
Whiche onely translate, to eschewe ydelnes

But if some other be troubled by enuy
As brybours to barke agaynst my besynes
They ought to cesse, for my boke certaynly
I haue compyled, for vertue and goodnes
And to reuyle foule synne and viciousnes
At first begynnynge lyke as I toke the charge
Requyrynge pardon if I haue ben to large

To wryte playne trouth was my chefe mynde and wyll
But if any thynke that I hyt hym to nere
Let hym nat grutche but kepe hym coy and styll
And clawe were it itchyth so drawynge hym arere
For if he be hasty, it playnly shall apere
That he is fauty, gylty, and culpable
So shall men repute hym worthy of a bable

But be they angry or be they well apayde
This thynge oft prouyd is by experyence
He that is gylty thynketh all that is sayde
Is spokyn of hym, and touchynge his offence
I fele well the hyssynge and malyuolence
Of some enuyours whiche doth my warke disdayne
But my playne Balade comfortyth me agayne

Suche Folys namely agaynst my boke shall barke
As nought haue in them but synne and viciousnes
Leuynge all besynes vertuous and good warke
And gyuynge them selfe to slouth and ydylnes
Horace the poet doth in his warke expres
That both wyse and vnwyse dyuers warkes wryte
Some to gode : and pleasour, and some but small profyte

But if my warke be nat moche delactable
Nor gayly payntyd with termys of eloquence
I pray that at lest it may be profytable
To brynge men out of theyr synne and olde offence
Into the noble way of good intellygence
I care nat for folysshe bacbyters, let them passe
The swete Cymball is no pleasour to an asse

Melodyous' myrth to bestis is vncouthe
And the swete graffis of wysdome and doctryne
Sauoureth no thynge within a folys mouthe
Whiche to the same disdayneth to inclyne
Cast precious stones or golde amonges swyne
And they had leuer haue dreggis fylth or chaffe
No meruayle : for they : were norysshed vp with draffe

Therfore o reders I you exort and pray
Rede ouer this warke well and intentyfly
Expell hye mynde, put statelynes away
Barke nat therat : loke nat theron awry
With countenaunce pale expressynge your enuy
If ought be amysse : of that take ye no hede
Tend to the best than shall ye haue the mede

Be pleased withall, and if that ye ought fynde
Nat ordred well, and as it ought to be
Whiche may displeas or discontent your mynde
In wantonnes, or in to and grauyte
Or sharply spoken with to great audacyte
Vnto your correccion all hole I do submyt
If ought be amys it is for lacke of wyt.

Thenuoy of Barclay.

Ye folys enuyous detractynge eche good dede
Expell your malyce, and, yre, and ougly syn
And to your selfe, and your owne warke take hede
Howe yll infect and foule ye ar within
Correct your selfe : so sholde ye first begyn
And than teche other to vertue to aply
And nat by malyce on them to grutche and gryn
Or behynde theyr backe them sclaunder by enuy

Of immoderate vylenes, in maners, vsyd at the table.

It is thynge laufull : and nat vncommendable
To touche the yll maners, the foule and lothsome wayes
Whiche dyuers folys nowe vsyth at the table
Whiche ar so past all shame, that nowe a dayes
But fewe or none, there honest wordes sayes
Of pleasaunt norture they haue no care nor hede
But bestely intende as swyne theyr wombe to fede

I thought that I had fyllyd suffyciently
This boke with folys : and men persuynge syn
And endyd my rebukes : but yet one company
(Of other folys doth) vnto my nauy ryn
Cryeng with lowde voyce : captayne abyde, haue in
I kest an Anker : and restynge at that worde
Sende forth a bote : them to receyue abrode

But vnderstonde ye what company they be :
I you ensure that fewe of all the sort
Ar gyuen greatly to disceyt or sotylte
In couetyse, or gayne haue fewe of them comfort
But they echone that to this shyp resorte
Ar lothsome Folys of norture clene pryuate
Fedynge at theyr mete : euyn after swynys rate

In shamefull vse : voyde of all shamefastnes
All theyr hole dedes : ar without reuerence
But lyke to vnresonable bestis in vylenes
Bytwene them and swyne as lytell difference
They spare no coyne, no coste, nor yet expence
But brede, and mete, dayntyes, bere, ale, and wyne
They drynke, and deuour, lyke wyse as it were swyne

The first of this sort whome I intende to blame
Ar suche as intende theyr lothsome wombe to fede
Or theyr face be wasshyd or handes : and the same
Do they or they say theyr Aue, or theyr Crede
As for theyr Pater noster : of it take they no hede
And for the great gyftis that they of god obtayne
They render no gracis ne thankes to hym agayne

Theyr lyppis ar foule, dryuelynge on euery syde
Within theyr handes is vyle fylth and ordure
Theyr noses droppynge, in vylenes is theyr pryde
Theyr iyen rawky, and all theyr face vnpure
By suche vylenes disfygure they nature
Theyr chekis dyrty : Theyr tethe by rustynes
Blacke, foule, and rottyn, expressyth theyr vylenes

No honestye, maner, norture nor clenlynes
Is in these wretchys, for they the same disdayne
He is kynge of dronkardes and of dronkenes
Reputyd of them : the whiche is moste vylayne
As gruntynge and drynkynge, rebokynge vp agayne
And that can excyte his felawes to glotony
Techynge them the bowles and pottis to occupy

Some drynkes : some quaxes the canykyn halfe full
And some all out, chargynge hym in suche wyse
That the wyne semyth for to ryue his skull
That he hath no power from the borde to ryse
Than bokes he all vp after the comon gyse
(So longe he drynkyth) yet other haue no shame
Seynge all the table couered with the same

Than drynke they about, euery fole to other
In order : but he that doth forsake the pot
Shall no more be taken as felawe frende and brother
But cast out of company, callyd fole and sot
The other stryue drynkynge, echone by lot
It nought auayleth these caytyfs to reuyle
Shewynge howe this vse theyr soulys doth defyle

It weryeth the bodye, by anger and syknes
Styrynge it to wrath, to fyghtynge and varyaunce
Nought is wors than contynuall dronkenes
For dyuers sores, great sekenes and greuaunce
Procedyth therof by longe contynuaunce
It lowsyth the body, troublynge eche ioynt and vayne
The wyt it wastyth, blyndynge the mynde and brayne

O cursyd maners, o vse abhomynable
O bestelynes, agaynst nature humayne
Whether is become the reuerence of the table
The moderate honour of it is lost agayne
Where is Curius and abstynence souerayne
Where is olde Persymony wont to be so gode
Where is the olde mesure of mannys lyfe and fode

Where is the bryght worshyp therof nowe become
Where is the clenlynes, and maners euerychone
Of the borde or table, vsed amonge some
Of our fore Faders that nowe ar dede and gone
But we vse nought but bestelynes alone
In worde and dede corrupt with vylany
In stede of good talkynge vse we rybawdry

Gone is the honour and costomes moderate
Mesure is despysyd : ryght so is honestye
With hye and lowe : both pore man and estate
Yet at the table another vse we se
Whiche is vnlaufull, and ought nat vsed be
That folys at the borde haue oft the hyest stage
The boy lokes to syt before a man of age

Thus is no order obseruyd at the table
Honestye hath the hyest place no more
But eche man is reputyd honorable
After his ryches, his treasour and his store
The vyle Churle shall syt and drynke before
Thus at the table is gyuen all honour
Nat after vertue, but after vayne treasour

To mannys maners no respect they haue
They take gode and yll almoste indifferently
A gentyl man somtyme is set beneth a knaue
Without honestye, and moche vnreuerently
But whan these bestis hath set them selfe thus hye
In handlynge or tastynge, mete, bere, ale, or wyne
Them selfe behaue they moche bestelyer than swyne

One swalloweth into his throte a soppe or twayne
Another drunkard, goth to, so hastely
That all together he castyth vp agayne
Another with fyngers foule and vnmanerly
Tossyth vp the mete, or lyftyth it a hye
Vnto his foule nose holdynge it to wete
If it may lyke hym : and if the sent be swete

Some drynketh, the lycour on euery syde rennynge
Of his vyle mouth pollute : foule and horryble
Some whan the cuppis ar empty hyely synge
Some voyde mo cuppis than man wolde thynke possyble
And other some, galons : so that theyr ioyntis ar feble
They vomytynge agayne, rorynge vnmanerly
Troublynge the ayre, with barkynge, noyse and cry

Some synge, and reuell as in bacchus sacryfyce
As rauysshyd with furour, whiche Bacchus doth blynde
Theyr myndes : attysynge them vnto euery vyce
And loke whome this sort moste vngoodly can fynde
He shall the borde haue ruled by his mynde
He brastyth a glasse or cup at euery worde
So that the drynke ouercouereth all the borde

Some pull from theyr felawes with hande rauysshynge
And from that mease that nere to them doth syt
They taste the swettest and best of euery thynge
Thus Sardanapalus : whiche onely dyd commyt
His mynde to vyle lust : without reason or wyt
Hath nowe many felawes : whome lust, corrupt and vyle
Fedyth and whome lackynge of mesure doth defyle

Suche ar best pleasyd with thynges Immoderate
But what man can wryte all vylenes of the table
And all the folyes vsyd in dyuers rate
Syns wyse men lyue nat all in way semblable
Theyr lyuynge and maners ar greatly varyble
For euery Nacyon at table hathe his gyse
Some we commende, and other some despyse

The grekis Latyns, and the men of Almayne
In theyr behauour many other thynges vse
Agaynst the vse of Englonde, Fraunce or spayne
The Turkes and Paynyms haue also in them mysuse
And men of ynde these wayes afore, refuse
Hauynge other maner : yet other them despyce
Thus euery Nacion lyuynge hath his gyse

Mennys maners ar moche dyuers and varyable
Theyr wyll vnlyke in pleasour and solace
Eche royalme hath fedynge dyuers at the table
And dyuers is theyr lyfe almost in euery place
Yet ought they all with herte and mynde to embrace
Wyse talkynge, and maners longynge to honeste
Auoydynge foule wordes, and bestyalyte

The swynes lyuynge we all ought to eschewe
In worde and dede we ought to auoyde excesse
With communyçacion, of goodnes, and vertue
Folowynge the way of honest clenlynesse
And with all our herte, our mynde, and lowe mekenes
Yelde thankes and gracis to god omnypotent
For suche goodes, as he : vnto vs hath sent

We ar nat borne into this worlde here
Alway to ete, as bestis vnresonable
And euery houre : to vse suche bestely chere
Ouerchargynge nature by vse abhomynable
But to refresshe vs by wayes mesurable
Our lyfe and body togyder to preserue
And hour of melys, by dyete to obserue

That mete and drynke shall do all men moste gode
That is receyued without superflue exces
To confort the body, and to norysshe the blode
Our soule is a spyryt as scripture doth expres
Wherfore it may nat rest in place of drynes
So must we our blode norysshe and meyntayne
For in the same our spyryte doth remayne

But in euery thynge is ordre and mesure
By to great exces, and superfluyte
The soule and lyfe, may by no mean indure
And in lyke wyse by to great scarsyte
But this we fynde that many one, mo dye
By glotony, excesse, and lyuynge bestyall
Than by hunger, knyfe, or deth naturall

In lordes courtis were wont vsyd to be
Gode maners, worthy, honest and commendable
Wherby all other myght lerne honestye
But nowe ar the maners there no thynge laudable
But corrupt, and foule, but namely at the table
In dronken glotony is theyr chefe, sport and game
And rybaude wordes without all fere and shame

Norture fro them by suche vyce is exyled
Theyr olde name, and fame of honestye
Ar vnder fote, so worshyp is exylyd
Nat onely from the court and men of hye degre
But also from the symple comontee
Both yonge and olde, vsyth suche excesse
At tables, without maners of honest clenlynes.

Thenuoy of Barclay.

Ye men vnmanerde, to whome intellygence
And wysdome ar gyuen, by the Prynce celestyall
It is to you shame, that no maner difference
Is bytwene your lyfe, and maners, bestyall
And that at the table in chefe and pryncypall
It is an olde saynge that man ought of dutye
Behaue hym on hyll, lyke as he wolde in hall
Vsynge and accostomynge hym to honestye

Of folys disgysyd with vysers and other counterfayte apparayle.

Democritus laughed to scorne and dyd despyse
These folysshe games and worldly vanyte
And suche folys as oft them selfe disgyse
By counterfayt vysers exprssynge what they be
But other wyse Cynicus a man of grauyte
Oft tyme bewayled the bytter and harde chaunce
Seynge in the worlde of folys suche abundaunce

If Democritus sholde nowe agayne be borne
Or in our tyme, if he lyued : doutles
He sholde, the men nowe lyuynge laugh to scorne
For theyr dyuers synnes and wylfull folysshenes
And Crassus also, for all his great sadnes
Sholde laugh to scorne, our folysshe lyfe and wayes
Thoughe he neuer laughed but onys in all his dayes

But namely sholde he laughe : if that he myght se
The wayes of men in this our tyme lyuynge
Howe they with vysers dayle disgysed be
Them selfe difformynge almost in euery thynge
Whan they ar disgysyd to them it is semynge
That no syn is gret : nor soundynge to theyr shame
Syns theyr foule vysers therof can cloke the fame

To euery yll : theyr lewde lyfe doth them drawe
They wander ragynge more madly in theyr vyce
Than doth suche people as forsake goodes lawe
Whan to theyr ydols they make theyr sacrifyce
Whose names to tell as for nowe I despyse
But as for these Folys, arayed in theyr rage
They kepe almost euyn suche lyke vsage

The one hath a vyser vgly : set on his face
Another hath on, vyle counterfayte vesture
Or payntyth his vysage with fume in suche case
That what he is hym selfe is skantly sure
Another by pryde his wyt hath so obscure
To hyre the busshe of one that late is dede
Therwith to disgyse his folys dotynge hede

Some counterfayte theyr tethe in a straynge wyse
Some for a mocke hath on gowne of whyte
And other some in straunge londes gyse
Aray them selfe, eche after his delyte
And other some besyde theyr vayne habyte
Defyle theyr faces : so that playne trouth to tell
They ar more fowle, than the blacke Deuyll of hell

Than cary they theyr instrumentis musycall
About : of theyr louers wyllynge to be sene
And theyr wanton hertis for to disceyue withall
But happy is she that can her selfe kepe clene
From these mad folys : for all that euer they meane
Is vnder theyr deuyls clothynge as they go
The deuyllys workes for to commyt also

They disceyue myndes chaste and innocent
With dyuers wayes whiche I wyll nat expres
Lyst that whyle I labour this cursyd gyse to stynt
I myght to them mynyster example of lewdnes
And therfore in this part I shall say les
Than doth my actour : and that in dyuers clauses
Whiche is nat done without suffycyent causes

Many one whiche hath nat done amys
All the hole yere : but kept hym from all vyce
Fallyth vnto synne : whan this disgysynge is
For some in baudy wordes them exercyce
To venus warkes yonge wymen to attyce
But all theyr maners : if that I sholde shewe playne
It were to longe : and labour without gayne

These folys that them selfe disgyseth thus
In theyr lewde gestis doth outwarde represent
The frowarde festis of the Idoll Saturnus
And other disceytfull, goddes and fraudelent
Or els rather : forsoth in myne intent
That they ar wyckyd spiritis I byleue
Sende out of hell (to erth) mankynde to greue

With dyuers fassyons they hyde the same vysage
Whiche god hath made vnto his owne lykenes
And gyuen to Adam and all his hole lynage
For to remember his excellent goodnes
But these lewde wretchys by theyr folysshnes
Defylyth nature, hauynge a chefe pleasaunce
For to disfygure theyr shape and countenaunce

Yet haue they no fere of god : ne drede of shame
Them selfe to disfygure this wyse agaynst kynde
But besyde this : some them selfe fayneth lame
Some counterfayt them as they were fully blynde
And yonge gentylmen wyll nat abyde behynde
Some them disgyse euyn as the other do
And so go forth as folys amonge the mo

Some goeth on four disfourmed as a bere
Some fayne them croked, and some impotent
Some with theyr fyngers theyr iyen abrode blere
And yet that is wors : and worthy punysshement
These folys disgysed moste set theyr intent
On hyest dayes, and most solemne also
In suche disfygured maner for to go

As is christis feste or his Natyuyte
At Ester, and moste speciall at wytsontyde
Whan eche creature sholde best disposyd be
Settynge all worldly vanytees asyde
Than Venus stryfes accompanyed with pryde
Ar led by daunsynge, and other them disgyse
These holy festis alas thus they despyse

Whan the bytter passyon of Christ our sauyour
Sholde be remembred : these wretchyd folys ryn
To theyr disgysynge, vanyte and errour
To seke occasyon therby of dedely syn
Thus lytell they coueyt the heuenly ioy to wyn
With Crist our sauyour alas suche ryse to late
For worldly synne them holdyth in one state

Therfore let these Folys auoyde this mad mysuse
And folowe the right way of vertuous grauyte
Let them these lewde disgysynges clene refuse
For nought is therin : saue worldly vanyte
It is vnlefull, It can none other be
Where god made man eche creature to excell
Than man to make hym selfe a deuyll of hell

I haue harde that a certayne man was slayne
Beynge disgysyd as a Fowle fende horryble
Whiche was anone caryed to hell payne
By suche a fende.   whiche is nat impossyble ,
It was his right it may be so credyble
For that whiche he caryed with hym away
Was his vysage : and his owne leueray

THENUOY OF ALEXANDER BARCLAY.

Man be content with thy owne nature
As god hath made the of shape and countenaunce
Diffourme nat thy body, thy vysage or fygure
Nor yet in vesture: in play, disgyse or daunce
Art thou nat made to goddes owne semblaunce
Than certaynely thou art greatly to blame
By the blynde pryde of thy mysgouernaunce
Presumptuously to counterfayt the same

The descripcion of a wyse man.

A man that is gode: endued with sapience
Repreuyth dedys nat good ne commendable
He chastyseth wordes: wherof myght growe offence
And that to the ere haue sounde abhomynable
But vnto the soule his wordes ar profytable
He techyth vertue: hauynge inwarde regarde
To his owne dedys: or he procede forwarde

He auoydeth all yll and worldly vanyte
Sekynge and louynge the harde way of goodnes
And his hole lyfe in that way ordreth he
In euery thynge auoydynge great excesse
The noble virgyll in wrytynge doth expresse
A wyse man describynge his poyntis nere echone
What maner man, in our tyme lyueth none

Of Socrates the hyghe maieste souerayne
In this part had the hyghest degre
And went moste nere the hye name to attayne
For in his maners and lyuynge lyke was he
To suche a man : as we may wryten se
In the crafty Poesye of excellent virgyll
This worthy Socrates was ruler of his wyll

Within his boundys kepynge alway the same
He holly of hymselfe dependyd stedfastly
So constant and parfyte that none coude hym blame
Except it were by malyce and enuy
He was prouydent : gode and eche thynge wolde aply
Vnto the best : nat doynge to any creature
But that : whiche gladly he wolde agayne indure

And euery man that is in suche case
Of this goodnes to kepe the godly way
Within his herte hath many gyftis of grace
Shynynge as bryght as is the sonny day
His owne dedes doth he iuge by rightwyse way
Nat carynge for the grutches of the rude commonte
Takynge euyn lyke welth and aduersyte

By his prouysyon he euer is safe and sure
From outwarde thynges his mynde doth he abstayne
He hath no brybes of any creature
To fauour syn, or yll men to meyntayne
He euer is fre : lyberall : true and playne
With stedfast mynde, he vayne desyre doth hate
Desyrynge no thynge : but that is moderate

He all is foundyd in parfyte stablenes
Nat gyuynge hym selfe to rest in any wyse
Before he can by good prouysion dresse
All thynge that to his lyuynge may suffyce
A pryuat profyte, he alway doth despyse
In respect of the wele of a hole comonte
Conioynynge thynge honest with his vtylyte

He euery day doth some thynge, great or small
Aparteynynge to goodnes, laude and honestye
O wolde god that suche fortune myght vs fall
That in this our tyme, suche men myght with vs be
And that men endued with wyt and grauyte
Myght teche the same, to magnyfy doctryne
And that the ignoraunt wolde to theyr lore inclyne

We ought nat sothly to meruayle in this case
That of the folysshe folke a sort innumerable
Multyplyeth thus almoste in euery place
The cause is playne, for certis without fable
Wysdome is banysshed, as thynge nat profytable
Out of the worlde with woundes on euery syde
We graunt no place to hir with vs to byde

Who that wyll labour in this our wretchyd tyme
To lyue in wysdome vertue and goodnes
Is clene dispysyd of them that lyue in cryme
Gyuen to all synne and all vnthryftynes
They call hym folysshe, rude and full of madnes
But he that can fraude crafty : and gylefull wayes
Hath name of nobles, and wysdome nowe adayes

Gode Aristydes for all his rightwysenes
In this our tyme sholde nat be of great pryse
Fabricius and Curius, for all theyr hye goodnes
Sholde be despysyd : and Cato sad and wyse
Sholde nowe be mocked of suche as lyue in vyce
For it is sayde, aud prouyd true and verytable
That folys hath no pleasour but onely in they bable

Of noble Plato : what sholde the sect dyuyne
Do amonge men that nowe adayes ar borne
They sholde for all theyr wysdome and doctryne
Of suche folys be laughed vnto scorne
And if they trouth vttred : be all to rent and torne
For the lawde and glory of this tyme nowe present
Ar gyuen vnto folys : men fals and fraudelent

The company of men that lackyth wyt
Is best exaltyd (as nowe) in euery place
And in the chayr, or hyest rowme shall syt
Promotynge none : but suche as sue theyr trace
They ryches thynke moste speciall gyft of grace
But whan a Fole is thus become a state
He shall with his foly good myndes violate

If the noble royalme of Englonde wolde auaunce
In our dayes : men of vertue and prudence
Eche man rewardynge after his gouernaunce
As the wyse with honour and rowme of excellence
And the yll with greuous payne for theyr offence
Than sholde our famous laude of olde obtayned
Nat bene decayed, oppressyd and thus distayned

If men of wysdome were brought out of the scolys
And after theyr vertue set in moste hye degre
My shyp sholde nat haue led so many folys
Both of men temporall, and of the spiritualyte
Whiche in the wawes of the tempestuous se
Of this wretchyd worlde moche payne and wo abyde
For lacke of wyt, and reason, them to gyde

But none doth iuge hym selfe for his offence
With godly wysedome none doth endue his mynde
None parfytely wyll serche his conscyence
Suche fautis expellynge as he therin doth fynde
These worldly pleasours, alas mankynde doth blynde
So sore : that if the worlde hole were sought
Fewe sholde be founde that lyue ryght as they ought

And therfore in wordes both of sadnes and sport
With folysshe Cotis and hodes I haue disgysed
Of these Folys a great and meruaylous sort
Lyke as my mayster Brant had first deuysyd
But of these Folys though good men be despysyd
And had as Folys, no meruayle is truly
For in a folys syght hye wysdome is foly

But though these folys repute men of wysdome
As wors than they: yet let them lyue and do
As virgyll techyth, wysely, and they shall come
To heuen whan that theyr soule shall hens go
They nought shall knowe of mysery nor wo
And for theyr lyfe ledynge here in rightwysnes
Shall be theyr rewarde the heuenly blyssydnes

Thoughe wysemen here, of folys be opprest
Had in derysion: and kept in lowe degre
For this theyr trouble eternall ioy and rest
In goddes hye presence to them rewarde shall be
Wherfore o man I warne and councell the
Prepare thy selfe to wysdome and prudence
Do thou hir honour with loue and reuerence

Wysedome shall men auaunce vnto honour
So Barclay wyssheth and styll shall tyll he dye
Parfytely pray to god our creatour
That vertuous men and wyse may haue degre
(As they ar worthy) of lawde and dygnyte
But namely to his frende bysshop by name
Before all other desyreth he the same

Whiche was the first ouersear of this warke
And vnto his frende gaue his aduysement
It nat to suffer to slepe styll in the darke
But to be publysshyd abrode: and put to prent
To thy monycion my bysshop I assent
Besechynge god that I that day may se
That thy honour may prospere and augment
So that thy name and offyce may agre

Thy name to worshyp and honour doth accorde
As borne a bysshop without a benefyce
Thy lyuynge small : thy name is of a lorde
And though thou nowe be stryke with couetyse
That vyce shall slake in the if thou aryse
(As I suppose) and lyberalyte
Shall suche fortune for the by grace deuyse
So that thy name and offyce shall agre

But if that fortune to thy goodnes enuye
As though she wolde : the nat honour to attayne
Yet let hir passe : and hir fraylenes defye
For all hir gyftis ar frayle and vncertayne
If she nat smyle on the but haue disdayne
The to promote to welth and dignyte
To olde acquayntaunce be stedfast true and playne
Than shall thy goodnes and thy name agre

Let pas the worlde for nought in it is stable
The greatter Baylyf the sorer is his payne
Some men that late were callyd honorable
Dyd theyr promosyon after sore complayne
No wyse man is desyrous to obtayne
The forked cap without he worthy be
As ar but fewe : but be thou glad and fayne
That thy good name and maners may agre

In this short balade I can nat comprehende
All my full purpose that I wolde to the wryte
But fayne I wolde that thou sholde sone assende
To heuenly worshyp and celestyall delyte

Than sholde I after my pore wyt, and respyt,
Display thy name, and great kyndnes to me
But at this tyme no farther I indyte
But pray that thy name and worshyp may agre.

Of folys that dispyse wysdome and Phylosophy and a commendacion of the same.

With dolefull dolour : it sorowyd ought to be
That nowe adayes the wysdome and doctryne
Of wyse men, iust, and full of grauyte
Is nought set by : but fallyth to ruyne
But folys that to wysdome wyll nat inclyne
Spyttyth for despyte on hym the whiche is wyse
And all his dedys doth vtterly despyse

The rude commontye, that wyt and wysedome lacke
Labouryth with all the power that they may
Wyse men and gode : to thyrst into a sacke
For vnder fote of Folys without nay
Phylosophy lyeth, oppressyd nyght and day
Folys it repute nought worth ne profytable
They haue delyte : in men to them semblable

Who euer he be that purposyth in mynde
The holy Toure of wysdome to attayne
And coueytyth his rest in it to fynde
Despysynge worldly welth and ioy mundayne
He must both hande and tunge fro synne refrayne
Obseruynge his body in grace by chastyte
And than of wysedome receyued shall he be

Phylosophy doth mannys mynde compace
With syghtis and iyen replete with holynes
To man it gyueth right many gyftis of grace
As eloquence : and waye of rightwysnes
It man confortyth oppressyd in sadnes
By holy doctryne, and it doth socour fynde
For all yll mouynges, and fantasyes of mynde

It techyth man to all vertues to inclyne
It shewyth the way for to lyue vertuously
And by suche lore and vertuous doctryne
It techyth them that truly it aply
The heuenly way : vnto the sterres a hye
We sadnes and sorowe may fle by this wysdome
And greuous chaunces or fallys by it ouercome

The father of heuen our lorde omnypotent
Of his great grace and infynyte goodnes
Hath sende this scyence to people innocent
To shewe them the way of grace and rightwysnes
All hir aparayle agreyth to holynes
Therwith she offreth frely to cloth mankynde
Sawynge hir sede of vertue in theyr mynde

She coueryth hir hede with vale of chastyte
Hir body clothyd with pall of the same sort
The rosys purpyll of fayre humylyte
Spredyth the grounde where as she doth resort
Wherfore let euery wyse man haue confort
Onely in wysedomys presence and seruyce
For where she rayneth subdued is euery vyce

She fedeth man with the dylycious drynke
Of parfyte wysdome : all vyce therby to fle
And vnto hym that euer on hir doth thynke
She grauntyth honour of parfyte lybertye
Whyle she is gyde the herte and mynde are fre
For she expellyth : vyce and mysgouernaunce
Whiche ar rote of mysfortune and mychaunce

She gyueth laudes to all them that hir loue
And by hir doctryne and worthy sapyence
The wyse ascendyth to the hye heuen aboue
And to iust lyuers : and men of innocence
Heuen yates she opyns theyr dedes to recompence
Thus wysdome is chefe gyder of our lyfe
In blyssyd rest : slakynge debate and stryfe

None lyueth so fyers, nor so cruell tyrant
But that noble wysedome by parfyte pacyence
Shall hym ouercome : but he that wyt doth want
For lacke of wysedome oft fallyth to offence
There is no lorde ne Prynce of excellence
That can well gyde his scepter and kyngdome
Without the helpe and counsell of wysedome

Wysdome is moder of fayth : and of iustyce
And all goodnes doth of it growe and sprynge
But yet moste people nowe insuyth vyce
Fulfyllynge theyr folysshe lust in euery thynge
They foly folowe, but wysedome and cunnynge
They clene dispyse : hauynge scorne and enuy
At suche god men as them to it aply

But leue this foly, o wretchyd men alas
And both yonge and olde fast spede you to obtayne
The godly gyftis of excellent pallas
Endeuour your selfe to drynke of hir fountayne
But o disciples of wysdome : spare no payne
To help your moder : for if ye be to slacke
The rude comontye shall thrust hir in a sacke

A LEMENTACION OF BARCLAY FOR THE RUYNE AND FALL OF WYSDOME.

O synfull season : sore drownyd in derkenes
O wylfull foly o thou proude ignoraunce
Howe longe shall ye mankynde thus wyse oppres
That none almost in wysdome hath pleasaunce

But men myslyuynge in mad mysgouernaunce
Ar so with statis in fauour loue and grace
That with them wysdome can haue none acquayntaunce
But clene exyled and foly in hir place

Alas the tyme : that wyse men of mekenes
Sholde be despysyd : yet fallen is that chaunce
Nought is set by : saue treasour and ryches
Playne trouth is foly : and pouertye penaunce
Boldnes and bostynge ledyth all the daunce
Venus all techyth for to insue hir trace
Fals flatery the most part doth auaunce
But gone is wysdome and foly in hir place

Foule falshode hath confoundyd faythfulnes
The newe disgyses hath left Almayne and Fraunce
And come to Englonde : and eche vnclenlynes
Doth lede vs wretchys, we make no purueaunce
Agaynst our ende whan deth shall with his launce
Consume this lyfe : we may bewayle this case
Our wordes ar folysshe : so is our countenaunce
Thus gone is wysdome, and foly in hir place

Who can rehers eche sort of folysshenes
That vs mysgydeth through our mysordynaunce
Lust is our Lady : and glotony maystres
Sobernes is gone : and stately arrogaunce
Hath mekenes slayne : alas this is greuaunce
Vnto my herte : expellynge all solace
O glorious god direct this perturbaunce
That wysdome may agayne obtayne hir place

A concertacion or stryuynge bytwene vertue and voluptuosyte : or carnall lust.

Beholde here man dyrect thy syght to se
For in this balade I shall vnto the shewe
The stryfe of vyce and voluptuosyte
Had in comtempt of goodnes and vertue
But do thou so that vertue may subdue
Foule carnall lust whose pleasour is but vayne
Firste full of myrth: endynge in bytter payne

Whyle Hercules lay slepynge (as I rede)
Two wayes he sawe full of diffyculte
The one of pleasour : at ende gyuynge no mede
The other of vertue auaunsynge eche degre
But of both these two wayes whan that he
Had sought the state : the ende, and the strayghtnes
The way he entred of vertue and goodnes

Therfore o reder that hast wyll to inclyne
To souerayne vertue that is incomperable
Thy mynde aplyenge stedfast to hir doctryne
Ouer rede this balade for it is profytable
And though thou thynke it but a fayned fable
Yet red it gladly : but if thou be to haut
Fle from it fast and fynde in it no faut

We pardon requyre where as we do offende
Grauntynge the same to other vsynge to wryte
None doth so well but some may it amende
But namely if it be done without respyte.
None without leyser : can voyde of faut endyte
And mannys wyt, as dayly doth apere
Somtyme is dull : somtyme parfyte and clere

With wordes playne : I viciousnes confounde
Oppressynge men with fals flatrynge semblaunt
And throwynge Venus tentis to the grounde
But vertue I lawde : as goodnes moste plesaunt
Whiche with hir wepen most stronge and tryumphaunt
Subduyth vyce : and all suche as hir loue
With hir she ledyth to the hye royalme aboue

Therfore let euery man, mayde, childe, and wyfe
In theyr yonge age to vertue them inclyne
Lernynge of hir the way to lede theyr lyfe
As of maysteres moste holsome in doctryne
Who hir insuys assayeth no ruyne
For hir rewarde is sure, and eternall
In erth here : and in the royalme celestyall

Thus shall he lyue in perpetuyte.
But let echone auoyde the viciousnes
To hym promysyd by voluptuosyte
Hir warkes ar all oppressyd with blyndnes
And where as she can wanton youth oppres
She hym so rotyth in slouth and neglygence
That nede shall cause hym fall to all offence

Lust brakyth the mynde : and as we often se
It blyndyth the vnderstondynge and the wyt
From mannys hert it chasis chastyte
All mortall venym hath the chefe rote in it
None can be helyd that hath hir byt
But noble blode she most of all doth blynde
Whiche more on hir : than vertue haue theyr mynde

Therfore yonge men gyue aduertence and hede
Here shall ye se : and so shall feble age
What yll of worldly pleasour doth procede
And howe she bryngeth some men to great damage
Than shall ye here what good and auauntage
What welth what rest, what honour and ryches
Comys to mankynde by vertue and goodnes

The obiection of lust blamynge vertue.

Lo gorgays galantis : lo galantis here am I
Lo here fayre lust : full enmy to vertue
Clothyd in laurer : in sygne of victory
The large worlde I hole to me subdue
My stremynge standardes alayd with sundry hewe
In tryumphe shynyth bryghter than the sonne
I all the worlde to my Empyre haue wonne

All fragaunt floures most pleasaunt : gay and swete
Whose sundry sortis no lyuynge man can tell
Vnto my pleasour ar spred vnder my fete
That all the ayre enioyeth of the smell
The vyolet that in odour doth excell
About in bosom by me alway I bere
The same oft tyme inlasyd with my here

All my vesture : is of golde pure
My gay Chaplet, with stonys set
With couerture : of fyne asure
In syluer net my here up knet
Soft sylke bytwene lyst it myght fret
My purpyll pall, ouercouereth all
Clere as Christall : no thynge egall

My wanton face : louers to embrace : my wanton iye
In suche a case : shewe them solace : that none ar fre
So louers be subiet to me : in euery plame
My hye beautye : voyde of bounte : doth them inlace
To hunt to chace : to daunce : to trace : what one is he
That beryth face : or hath that grace : on londe or se
In lyke degre hym selfe to se : my pleasaunt pace
Is lyght as fle : thus none that be : can me compace

I cast my pleasours : and hony swete
Ouer all the worlde none can beware
Nor loke so surely vnto his fete
But that I tangle hym in my snare
Whan I with youth can mete
With reason nat well replete
In lust I cause hym flete
Of grace barayne and bare

What man is he that can beware
Whan I my nettis abrode display
Namely to youth I me repare
I blynde theyr hertis sorest alway
I take no thought ne care
Howe euer the worlde fare
No season fre I spare
Frome pleasour : nyght nor day

With harpe in hande, alway I stande
Passynge eche hour : in swete pleasour
A wanton bande : of euery lande
Ar in my tour, me to honour
Some of voloure, some bare and poure
Kynges in theyr pryde, syt by my syde
Euery fresshe flour, of swete odour
To them I prouyde, that with me byde

Whan the stature, of my fygure
With golde shynyng, is hye standynge
They that inure, in my pleasure
With herte wandrynge, moche swetely synge
Garlandes of golde, to me offrynge
And me beholde with countenaunce
Smylynge, laughynge : eche wanton thynge
On myrth musynge, lernynge to daunce

Mo men me honour : for my pleasaunce
Than worshyp the mother of the hye kynge
I shewe them myrth, she harde penaunce
I pleasaunt lust : She chast lyuynge

Who euer they be, that folowe me
And gladly fle : to any standarde
They shall be fre : nat sek nor se
Aduersyte : nor paynes harde

No poynt of payne, shall he sustayne
But ioy souerayne, whyle he is here
No frost ne rayne, there shall distayne,
His face by payne, ne hurt his chere

He shall his hede, cast to no drede
To get the mede, and lawde of warre
Nor yet haue nede, for to take hede
Howe batayles spede, but stande a farre

Nor yet be bounde, to care the sounde
Of man : or grounde : or trumpet shyll
Strokes that redounde, shall nat confounde
Nor his mynde wounde : but if he wyll

Who wyll subdue, hym to insue
My pleasours newe : that I demayne
I shall hym shewe : way to eschewe
Where hardnes grewe : and to fle payne

The swetnes of loue he shall assay
But suche as my pleasours hate and dispyse
In hardnes lyue and bytter payne alway
In dolour drowned, and that in greuous wyse
Endynge theyr lyfe after a wretchyd gyse
By couetyse, abstaynynge theyr pleasour
Chaungynge swetnes for bytter payne and sour

By pleasaunt lust I callyd am ouer all
Prynces pereles and glorious goddes
Of me procedyth pleasour : as is egall
To come of a hye and noble Empres
In me is myrth and songes of gladnes
And vnder my dayes and hours fortunate
Age hath first rote to holde vp his estate

The lusty Parys, by whome the ryche troy
Gaue place to grece, as subiect to the same
In my seruyce had pleasour and great ioy
So that by me he spred abrode his fame
Those pleasours folowynge of whan I haue the name
And that remayneth in my auctoryte
And proude Cleopatra : was seruytour to me

There is no londe inclosyd with the se
But that they all haue folowyd my counsell
As Afryke, Numyde the other I let be
I wyll nat tary theyr namys for to tell
But fewe or none ar bytwene heuen and hell
In hethynes nor yet in chrystente
But yonge outher olde they all obey to me

My deynteous dartis about full brode I cast
Amonge all Nacions vnto the worldes ende
The Phylosophers that were in tymes past
As Epicurians to me dyd condiscende
All theyr hole sect my quarell doth defende
For all theyr sect to this clause dyd assent
That lust and pleasour was gode most excellent

Without corporall labour : my goodes shall profytè
Of mete and drynke I haue welth and excesse
I haue my pleasour, my ioy and my delyte
In deynty dysshes and swete delyciousnes
I lede nat lyfe in peryll and hardnes
Vnder heuy helme, in felde from any towne
Nat on harde strawe : but soft and costely downe

If ioy, and pleasour, dyd me nat ay insue
And lusty myrthe, with corporall pleasaunce
So myghty kynges wolde nat them subdue
Vnto my tentis, whose myght shall me auaunce
That all the worlde vnder my gouernaunce
Shall it submyt, and dwellers of the same
Shall bere about the badges of my name

It is longe past syns that men first dyd thus
Subdue theyr myndes and bodyes vnto me
The myghty kynge callyd Sardanapalus
Left dedes that longyd vnto his royalte
Folowynge my pleasour and voluptuosyte
And rome victorious at last by hye courage
Yeldyd it selfe mekely to my bondage

Eas welth and rest to me alway is best
Vnto my seruauntis I gyue the same
And where as nature aperyth goodlyest
I am moste besy the herte for to inflame
With fyry brondes to Venus plesaunt game
No colde ne hunger to yonge men shall I gyue
But pleasaunt rest : whyle they with me do lyue

My lyfe I lede in ioyfull Idylnes
Nat let nor troubled by any aduersyte
Therfore o youth that art in lustynes
And age also that of bad maners be
Tourne hyther your faces beholdynge my beaute
And you indeuer your erys to inclyne
To my preceptis, folowynge my doctryne

The tyme passyth dayly fro mankynde
Our dayes of lyfe longe whyle can nat indure
Therfore on pleasour establysshe we our mynde
For in my mynde no erthly creature
After this lyfe of pleasour shall be sure
Therfore be we mery the time that we ar here
And passe we our tyme alway in lusty chere

The answere of vertue agenst this obiec-
tion of voluptuosyte.

O Lothsome lust : o mad mysgouernour
Of all mankynde, and rote of euery vyce
With thy barayne balade, and corporall pleasour
Howe darest thou greue me thus in any wyse
Thy wordes ar vayne : thy myght I clene despyse
How dare thy cowarde herte me thus assayle
Syns thou, the bostest : vnmete vnto batayle

Haue done and answere : disceytfull trayteres
Howe darest thou wretchyd men this wyse abuse
Or them disceyue by thy chraft of falsnes
Why doth mankynde on thy vayne pleasours muse
Why doth the worlde goodnes and grace refuse
Rennynge to thy foly, subduynge them in care
As fysshe or byrde to panter, net or snare

Why lawdest thou thy lust and pleasour vayne
Thy wandrynge wayes in syn and bestlynes
Who that the folowys, shall at the ende certayne
Fynde no honour, but payne and great distres
Thy faythfull felawe is bestyall dronkenes
Thy pursuyuaunt is dredfull worldly shame
Fleynge about to spred abrode thy name

Shame them subdueth that them submyt to the
Thy beautye blyndyd is by mysgouernaunce
I say nat nay, but fayre thou art to see
And alway wrappyd in halters of pleasaunce
Thy iyen wanton, with wanton countenaunce
Thy here glystrynge or shynynge as golde bryght
That many thousande destroyed is by thy syght

Thy purpyll garlandes couchyd with precious stone
Pure and resplendaunt is all thy apparayle
Aleyed gayly with perles many a one
Of purpyll colour of Tyre is thy mantayle
With precious stones beset as thycke as hayle
Thy gyrdyls gay, and rynges pleasaunt to se
But what is this : but worldly vanyte

Thou art nat armyd, nor to no warre dost go
But standest naked, and all thy body bare
As chefe champyon vnto blynde Cupido
Suche feble men that lacke wyt to beware
Attysest thou falsly into thy snare
The bowe of Venus, and dartis lye by the
Hedyd with shame, myshap and pouertye

In thy one hande is the myscheuous dart
Of fleshly lust: and pleasour corporall
Wherwith thou sharply strykest to the hart
The olde, the yonge: the pore and pryncipall
Thy other hande bereth in it venym mortall
Vnto the whiche if man nat well attende
With all yll shall he be poysoned at the ende

Of thy fayre forehede: the beauty and bryghtnes
And all the fassyon, and shape that is in the
Defyled and blyndyd is, by viciousnes
And flesshely lust clene voyde of chastyte
In thy vayne wordes is nought of honestee
Thou canst no skyll of honest sport ne game
But rybaude wordes, soundynge all to shame

Thou art distroyer of all mankynde
But namely to suche: as sue thy trayne
The wyt thou dullyst, troublynge thy mynde
The honest name doste thou distayne
Thou bryngest man to infernall payne
Wastynge his goodes by wayes prodygall
But his last ende, alas is worst of all

By the, in the worlde true loue is maculate
By the, dull slouth doth pyteously oppres
The lusty bodyes of many a great estate
Thou ar destroyer of vertue and nobles
And youth descendyd of byrth of worthynes
Whan they theyr myndes to thy precept inclyne
To nought they vanysshe, so fallynge in ruyne

By the, we greuous sores oft sustayne
Infyrmytees, sore peryls and mortall
By the, the soule is drowned depe in payne
In hell, amonge the fendys infernall
Thou makest man slouthfull and dull withall
To chast hartis art thou mortall ennemy
The wyttis blyndynge, or wastynge vtterly

Thou wretchyd lust dost stynt abate and swage
The strength of man, and his audacyte
Thou bryngest lowe the lusty hye corage
Of manly youth in his prosperite
Thou art the mete of all aduersyte
And cursyd fode of payne, wo, and doloure
Both to the pore, and men of great honoure

Of the hath mortall sorys oft theyr rote
And sore sekenes, where to no man mortall
Can fynde no socour, no remedy, nor bote
But for to speke of the, in generall
Recount all yll : and thou art grounde of all
Thou art the well, of eche disordred thynge
Of whose hede, vyle glotony doth sprynge

Thou makest youth suche as thou dost attyse
To lese the vertue of manhode and boldnes
Theyr hertis dullynge with ferefull cowardyse
Thou makest age to grow in viciousnes
Thou makest many to wander in derknes
Of vicious lyfe, attysynge by thy gyle
Nought chaste thou techyst : but thynge vnpure and vyle

Thou hast no reason : ne stedfastnes of mynde
Of wysdome the purest grayne is fro the gone
No parfyte wyt shall man within the fynde
Of reasons sad, thou certaynly hast none
And thoughe at the first thou shewe vnto echone
Pleasour : and hope vnto honour to ascende
Thou them disceyuest falsly at the ende

The hande of many great laude sholde haue obtayned
By worthy tryumphe, auaunsynge so theyr name
If thou haddest nat theyr hye purpose distayned
Them by thy gyle withdrawynge from the same
So by thy mean obscured is theyr fame
And by thy venym thou hast intoxycate
The noble hertis : of many a great estate

Thou hast ouerthowe the wallys of noble Troy
The Parthyans, and dwellers of Asy
By thy deuowrynge lust haue lost their ioy
And many a Cyte by the, on grounde doth lye
The Cytees of Grece with wallys strong and hye
Ly nowe on grounde the wallys with gras ouergrowe
The Attyke royalmes by the ar nowe full lowe

By the was Sodome and other Cytees drowned
And that in nomber mo than I can name
Hath ben destroyed, and made euyn with the grounde
Corynth (by the) was lost with swerde and flame
And moche parte of Egypt was the same
Tarent also, Assyria and eke Trace
Thou hast destroyed : and that, in wofull case

What nedyth here to name the royalmes all
Or all those Cytees and places excellent
Whiche thou hast made from theyr honour to fall
By punysshement of our lorde omnypotent
Some drowned, and some with fyre of heuen brent
But to be playne we dayly se doutles
That all thy seruauntis ende in wretchydnes

But better is my state, my fortune and degre
For all my seruauntis that vnto me inclyne
Shall haue rewarde of ioy and blysse with me
Whiche ioy, in heuen abydeth me and myne
Vnto vs grauntyd by the grace dyuyne
By pacyent labour I pore men here auaunce
To worldly welth, and good in abundaunce

The yatis of heuen to man ar opened wyde
And he receyued in ioy that neuer shall cesse
So that I be his helper and his gyde
To lede hym theder by way of rightwysnes
My way his harde, and full of besynes
But at the ende I haue a restynge place
Wherin is lyfe euerlastynge and solace

Stronge Hercules that myghty champyon
And Julius Cesar an Emperour royall
And Alexander whose felawe found was none
Consyderynge well his wyt and dedys all
These hath renowne that neuer can stynt nor fall
For that they euer obeyed vnto me
And many mo by me brought to degre

I haue auaunsyd to glorious lawde and name
Poule that was consull of the Impyre romayne
Whiche dyuers Nacions wan encresynge his fame
To the sayde romaynes, triumphe and laude souerayne
And thoughe they suffred peryll and great payne
Yet hath the loue, and mede of me vertue
Nat suffred them harde chargis to eschewe

By me the honour of the hye eloquence
Of Cicero : and : his parfyte polecy
Ar spred abrode, shynynge : for excellence
And noble Virgyll the Prynce of Poetry
The romayne lynage by vers dyd magnyfy
He and Homerus : with Poetis euerychone
Hath won theyr glory and laude by me alone

Arystotyll ensuynge my iust commaundement
Hath made his name, and laudes immortall
And also Plato moste noble and excellent
The Phylosophers all other, great or small
Hauynge no name, in goodes temporall
Hath left the worlde, with all his vanyte
And at the ende great honour had by me

I clere the wyt, the speche I fortyfye
With sadnes reason, and pleasaunt eloquence
I man conferme, augment and edefye
With honour, laude, and knowlege of science
And to expres my myght in brefe sentence
None may here wyn, but by my socour
Lawde, fame, ne helth, ryches nor honour

In the is pryde : and all thy wanton wyll
Is set on ryot and wretchyd lechery
All vicious wordes doth from thy mouth dystyll
Thy hole delyte in lust and rybawdry
But as for hym that wyll to me aply
I shall by vertue brynge hym to rightwysnes
And than to glory by wysdome and ryches

I shewe my seruauntis true iustyce and pyte
In the hye Heuen sure fixyd is my mynde
My hous is kept ay clene by chastyte
My god is hye : and who that wyll hym fynde
For to be lyght : his lust must leue behynde
And so by labour, and parfyte dilygence
He may attayne that place of excellence

In vertue, is besy, and dylygent labour
For no good comys of slouthfull ydelnes
But swet and payne, at ende shall fynde pleasour
And parfyte rest : is ende of besynes
And he that walkes the way of holynes
And lyues in worshyp, ought to be glad and fayne
This quyet rest by my helpe to obtayne

So whether thou lust to wyn name of honour
By wyt, or warre : by wysdome or by myght
Or in a Cyte for to be councellour
Or els by lawe to gyue eche man his right
Let me vertue alway be in thy syght
Than shalt thou by my mean, the way prouyde
In euery case howe, thou mayst best the gyde

Who that for loue of vertue speciall
Endureth labour, swet, payne and besynes
The endles pleasour of ioy celestyall
Shall be rewarde to hym for his hardnes
Vertue alone is of suche worthynes
That gyde it ought and, gouerne euery thynge
And gode gyftis, parte, as is to it lykynge

But thou fals lust and pleasour corporall
All men disceyuest that vnto the inclyne
Thou first art swete, at last more soure than gall
Thou many thousandes hast brought vnto ruyne
And namely suche as of most noble lyne
Discendyd ar : for gettynge theyr degre
Defyle theyr byrth : and auncyent name by the

Thou art so fyers : so hasty and cruell
That no wylde beste : no : nat the mighty bere
Can haue respyte within his den to dwell
Thy cruell clawes so fyersly doth him tere
That on his skyn remayned skant a here
Thou sholdest his skyn I trowe rent of also
Ne had the Lyon : him socoured in his wo

Therfore ye men (whyle yé haue tyme and space)
Expell vayne lust and pleasour corporall
Whiche dedely yll is barayne of all grace
And rote or sparcle to kyndell synnes all
Therfore to Christ for grace se that ye call
Wherby ye may all carnall lust subdue
And plant in your myndes goodnes and vertue

So shall your hertis sauour the true doctryne
And blessyd fayth of Christ our sauyour
Whiche fayth shall brynge you to the syght dyuyne
Of goddes presence, and celestyall pleasour
But worldly welth, as riches and honour
Shall in this lyfe be part of your rewarde
Where as vayne lust endyth in paynes harde

The vnyuersall shyp and generall Barke
or barge
Wherin they rowe : that yet hath had no
charge.

Within my shyp ar folys innumerable
My shyppys dyuers forgyd here before
With furious Folys, in foly perdurable
But nat the les yet here I forge more
And if perchaunce some one hath had no ore
Nor place before : condigne for his degre
In this great Carake nowe shall he rowe with me

Here shall Jacke, charde, my brother Robyn hyll
With Myllers and bakers that weyght and mesure hate
All stelynge taylers : as Soper : and Manshyll
Receyue theyr rowme : bycause they come to late
The foulest place is mete for theyr estate
A rowme for rascoldes hard by the pompe shall be
That stynkynge placis and knaues may agre

Come to Companyons : ren : tyme it is to rowe
Our Carake fletis : the se is large and wyde
And depe Inough : a pleasaunt wynde doth blowe
Prolonge no tyme, our Carake doth you byde
Our felawes tary for you on euery syde
Hast hyther I say ye folys naturall
Howe oft shall I you vnto my Nauy call

Ye haue one confort ye shall nat be alone
Your company almoste is infynyte
For nowe alyue ar men but fewe or none
That of my shyp can red hym selfe out quyte
A fole in felawes, hath pleasour and delyte
Here can none want, for our proclamacion
Extendyth farre : and to many a straunge nacyon

But to be playne, and speke as intende‿
All men ar folys that can nat them selfe gyde
Thus all the worlde may I well comprehende
Except a fewe : whome I may set a syde
All hole Asia ; though it be longe and wyde
And farre from vs, and all nat of our lawe
Yet ar they redy our sayles vp to drawe

From the farre Costis and hote of Lybia
The Mawryans and eke the men of ynde
And all the dwellers almost of Africa
The Lumbarde nacion vntrue of dede and mynde
All these within our shyp wyll placis fynde
So may the dwellers of Cecyle and almayne
Of Italy Fraunce, Flaunders, Grece, and Spayne

The Pycardes, Normans and Neapolytayns
Come in great clusters, our Nauy to augment
So doth Venycians, Gascowns and Romayns
And lytell Brytayne is all of lyke assent
And also the great by ryches excellent
Whiche nowe is callyd plentyfull in Englonde
Comyth to our shyp, with Wales, and Scotlande

The out yles all dyspersyd here and there
In the mayne se : also come in one bonde
So many comys that certaynly I fere
Within my shyp they all can nat well stonde
Hyther comys also the dwellers of Irelonde
Denys and Mawrys, Patryke, and Mackmure
In mantels preckyd, for lacke of precious furre

In Englonde is no Cyte, nor shyre towne
Boroughe ne vyllage howe pore so euer it be
Nor noble Palays of suche a great renowne
But some maryners sende must they vnto come
But to be shorte and fle prolixyte
There is no Nacyon, ne regyon vnder sonne
But all or some, to this my shyp doth ronne

Both yonge and olde, pore man, and estate
The folysshe moder : hir doughter by hir syde
Ren to our Nauy ferynge to come to late
No maner of degre is in the worlde wyde
But that for all theyr statelynes and pryde
As many as from the way of wysdome tryp
Shall haue a rowme and place within my shyp

My folysshe felawes therfore I you exort
Hast to our Nauy, for tyme it is to rowe
Nowe must we leue eche sympyll hauen and porte
And sayle to that londe where folys abounde and flowe
For whether we aryue, at London or Brystowe
Or any other Hauen within this our londe
We folys ynowe, shall fynde alway at hande

No speciall place wyll I chose for our rode
But at auenture : where the wynde shall vs dryue
But whyle we wretchys, thus sayle and rowe abrode
On this depe se, our foly doth depryue
Our soule from helth : and lond of men alyue
So that in the wawes of this tempestous se
Oftyme we lyue, in doutfull ieopardye

Our frayle bodyes wandreth in care and payne
And lyke to botes trowbled with tempest sore
From rocke to rocke cast in this se mundayne
Before our iyen beholde we euer more
The deth of them that passed ar before
Alas mysfortune vs causeth oft to rue
Whan to vayne thoughtis our bodyes we subdue

By dyuers chauncis ren we to ieopardy
And of our lyfe, god wot we ar vnsure
Oft of our chauncis we seke no remedy
But wander forth : our reason moche obscure
Tempest we suffer : sore fallys we indure
And to our iournay, so symple hede we take
That in the se, and Rockis our shyppis brake

A farre of Scylla : the rorynge we may here
Yet by our foly, our myndes ar so cruell
That to the peryls (alas) we drawe vs nere
And some so wander without gyde or counsell
That in the hourlynge pyttis of ferefull hell
Theyr shyppis brake, and there alway remayne
Within that gulf, in endles wo and payne

We wander in more dout than mortall man can thynke
And oft by our foly, and wylfull neglygence
Our shyp is in great peryll for to synke
So sore ar we ouercharged with offence
We se the daunger before our owne presence
Of straytis rockis, and bankis of sonde full hye
Yet we procede to wylfull ieopardye

We dyuers Monsters within the se beholde
Redy to abuse or to deuour mankynde
As Dolphyns, whallys, and wonders manyfolde
And oft the Marmaydes songe dullyth our mynde
That to all goodnes we ar made dull and blynde
The wolues of these oft do vs moche care
Yet we of them can neuer well beware

We se Polyphemus that foule and great Geant
In his dredefull den, mankynde also to dere
Whome great vlixes both bolde and valyant
Myght for his lokes drede : and quake for fere
A thousande Monstres ar mo, mankynde to tere
And to deuour, and brynge vnto hell pyt
Yet we (alas) our selfe to them submyt

About we wander in tempest and tourment
What place is sure, where Foles may remayne
And fyx theyr dwellynge sure and parmanent
None certaynly : The cause therof is playne
We wander in the se, for pleasour bydynge payne
And though the hauen of helth be in our syght
Alas we fle from it with all our myght

Alas, therfore dayly we must indure
Great payne and wo : and well we it deserue
For he that of rest (whan he lyst) may be sure
And wyll none haue : he worthy is to sterue
We loue no wysdome : ne tende nat to obserue
Hir lore, and lawes : ne way of ryghtwysnes
But arme our selfe with foly and falsnes

Alas, alas the vyle and vayne goddes
Of folysshnes : and worldly vanyte
Hath made vs drynke : so of hir cup doutles
That all our wyttes and reasons blyndyd be
A wysdome wysedome great pyte it is to se
Howe fewe to thy preceptis nowe inclyne
Thy name decayes : and fallys to ruyne

Alas dere bretherne, alas thou wretchyd man
O frowarde stocke to thy creatour vnkynde
Expell thy foly: aply all that thou can
To folowe wysdome with all thy myght and mynde
What ioy hast thou to wander in the wynde
In vyce and errour, without good wyll to stent
Cesse man: and seke the: place ay permanent

Set foly: errour (and vanyte asyde)
Fle from the wayes: of suche as sue offence
Labour to obtayne a place: ay to abyde
Without ende before goddes hye presence
Lyst that hell monsters by furyous violence
Swalowe vp thy soule to payne from ioy and blys
Whyle in this lyfe thou errest or goest amys

The vnyuersall shyp of crafty men, or laborers.

A company gathryd togyther in a rout
Of folysshe men, and blynde by ignoraunce
Rowe nowe in botis my shyppis all about
Suche men ar they that get theyr sustenaunce
With labour of hande, and lewde of gouernaunce
But suche as labour truly for theyr fode
I wyll nat blame, but them repute aś gode

Haste hyther laborers : our sayles ar a loft
Our shyp fleys swyftly by myght of ore
But first of all ye folys that labour soft
And lese the tyme, makynge your maysters pore
In this shyp present shall ye be set afore
And than suche as spende theyr wage in dronkenes
For dronken workmen come neuer to ryches

But why these Folys vnto my shyp I call
For to be short this is the reason why
For as the state of all men mortall
And eche other thynge chaungyth contynually
Without condicion, stable : certaynly
So is the state of labourers, disceyuable
And moche vnsure, and also chaunngeable

The speciall vyce comon amonge them all
Is that eche seruaunt fayne wolde a mayster be
Yet in his craft he knoweth nought atall
But is a Fole therin : and so shall dye
And many worke men : as we may dayly se
Wandreth as folys : in slouth and ydelnes
Hurtynge theyr wages by theyr folysshnes

One laboureth fast for lytell or for nought
His felawe to put to los or hurte therby
Yet he hym selfe to pouertye is brought
By his yll wyll, his hatred and enuy
And for that this vyce his herte contynually
Vexyth and troubleth, for nought he offreth forth
That worke or thynge that is great treasour worth

Yet this foule abuse and malyce enuyous
Of laborynge men : oft tyme doth them oppres
With pouertye, to all mankynde odyous
If one sell for lytell another sellys for les
Tyll both be opprest with pouertees hardnes
Echone despyseth his pryuate auauntage
To do another displeasour and damage

Some make theyr ware iniust and disceyuable
Sellynge it forth for small and lytell pryce
The trouth appereth playne and verytable
For in gode ware the pryse doth ay aryse
But contrary if thou the trouth aduyse
Where a great thynge for lytell pryce is bought
It sygnyfyeth that it is stolen, or nought

All suche as ceueyt the byers to begyle
With flaterynge wordes fals and dysceyuable
Disceyuynge other, disceyue them selfe the whyle
And all other ar greatly reprouable
Whiche make theyr warke nat true and profitable
But counterfayte and pleasaunt to the iye
And nought in profe : men to abuse therby.

The pryse of eche ware decayeth euery day
And yet the ware is skantly worth the pryse
Amonge all marchauntis, skant and vneth we may
Fynde one or two that trouth do ercyse
But all ar blyndyd so by couetyse
That nought they force of fals disceytfulnes.
So that they, may therby obtayne riches

Thus so great chaungis : and mutablyte
Styreth the hertis of labourynge men to yre
That the most part abyde in pouertye
And to be short, echone of them conspyre
Agaynst other by malyce, hote as fyre
In all theyr hertis none, other thynge doth rayne
Saue enuy malyce, hatered and disdayne

What nede is it in wordes to be large
Or all the vyce of chrafty men to wryte
The payne were longe, and great sholde be the charge
And to the same I haue to small respyte
For if that any haue pleasour and delyte
In this our tyme to be constant and wyse
The comontye shall hym hate and despyse

Therfore I leue them in theyr folysshnes
Yet praynge god that they may ones amende
And so increas in trouth and rightwysnes
That I may haue cause theyr goodnes to commende
Who iustly lyueth iustly also shall ende
And who that in his craft is iust and true
Shall proue in ryches, and prospere in vertue

Of Folys that ar ouer worldly.

Oft whyle man labours for to ascende
By fortune frayle alway forwarde
And whyle alway he doth intende
For his sore labour to haue rewarde
Than is his fortune so sharpe and harde
To leue his fote, at his moste nede
And let hym slyp in mortall fere and drede

Who that lenyth on braunchys frayle
Or taketh his holde by leuys lyght
Can fynde therby but small auayle
But to the grounde descende downe right
And though the braunches be stronge and wyght
Whan thou begynnest to slyp or slyde
In thy degre harde is to abyde

And thoughe the braunches be hole and sounde
And be to wayke the to sustayne
Yet shalt thou downe come to the grounde
So if a man take care and payne
To lyue in vertue, and good souerayne
Yet all this shall be nought set by
But if they be gyded craftely

The strongest braunche or boughe shall fayle
Without good wysdome if man ascende
But vnto the top if thou preuayle
Yet ought thou to thy fete intende
Eche thynge is prouyd at the ende
Therfore man ought hym euen to bere
In hyest rowmes is greattest fere

In clymmynge vp man hath great payne
But whan he at the hyest is
Hauynge great hope there to remayne
In welth and pleasour ioy and blys
Yet of the frute small part is his
For by one blast of wynde sodayne
In one instant he fallys agayne

If one be in a rowme a hye
Men that ar lowe seme to hym small
But to say trouth and veryte
Yet may theyr stature be egall
In lyke wyse though a man royall
Despyse the lyuynge in pouerte
Of one metall yet both they be

This worlde all hole goeth vp and downe
It ebbes and flowes lyke to the se
Wexynge and waynynge lyke the mone
Nowe in welthe and in prosperyte
Eft in aduers and frowarde pouerte
But that man folowes hye wysdome
Whiche takys all thynges lyke as they come

Thoughe some in treasour and welth abounde
Thynkynge them self wyse men alone
Yet whan that they ar brought to grounde
They and the pore : is all but one
And thoughe thou suerly marke the bone
Of begger, and hym, that kynge hath bene
Small difference shalt thou fynde bytwene

After the day cometh the nyght
So after pleasour oft comys payne
He is in prudence, but porely pyght
That can nat both in lyke sustayne
But if I shall be true and playne
No erthly thynge makes more debate
Than a vyle chorle come to a state

Whan suche a vilayne rude of his mynde
A hye is set on a myghty tre
To gentyll blode can he nat be kynde
Yet he forgettis his owne degre
But thoughe the thycke leuys let none se
Howe moche myschefe suche go about
Yet at the last it wyll come out

If dethys ax the tre downe throwe
And if theyr riches as leuys lyght
Away fro them on grounde do flowe
Than all theyr falshode is out in syght
But whyle the tre may stande vp right
The leuys of ryches hangynge about
To lorellys often the lorde moste lowt

The noble fawcons ar oft opprest
The Egle blyndyd, and byrdes small
Ar spoyled and dryuen from theyr nest
Whan the gredy kyte wyll rule all
But if the kyte than after fall
By aduers fortune: or his iniquyte
The fawcons may well haue ioy to se

Thus well is hym that can attende
To take his holde by braunchys stronge
Whan he purposeth vp to ascende
And in the top to byde there longe
Without wysdome it shall be wronge
For who that clymmes by stately pryde
For greuous wyndes can nat abyde

Therfore man who so euer thou be
That hast mynde and concupyscence
To brynge the into hye degre
Or in the seruyce of kynge or prynce
If thou be brought to excellence
Kepe petye styll before thy iyen
Vse iustyce, mekenes, and prudence
Remembrynge euer what thou hast ben

To get loue do thy dylygence
And if thou wylt haue amyte
To auncient blode, do reuerence
Thoughe it be but of lowe degre
Prouyde the in prosperite
For mysfortune : for it is sene
That fortune hath no certaynte
So thynke thou euer what thou hast bene

Serue god thy maker aboue all thynge
And next that with thy herte and mynde
Be true and loyall vnto thy kynge
And to his subiectis iust and kynde
Let auaryce by no way the blynde
Than myght thou fall or thou wolde wene
So that no faut in the men fynde
Care nat to be as thou hast bene

A brefe addicion of the syngularyte of some newe Folys.

Here maketh myne Autour a specyall mencion
Of ypocrytis nat parfyte of byleue
And suche as abuseth theyr relygyon
But I shall nat so sharply them repreue
I am full lothe relygious men to greue
Or discontent : for if I so do wolde
A myghty volume coude nat theyr vyces holde

I leue theyr pryde : I leue theyr couetyse
I woll nat touche theyr malyce nor enuy
Nor them that Venus toyes exercyse
I woll nat blame, nor touche openly
It were but foly, syth is no remedy
But if I sholde vpon me take the payne
A newe labour I sholde begynne agayne

I them nat touche that cunnynge men disdayne
There were none ende in blamynge all the folys
The maners, rude, vngoodly, and vylayne
And assys erys clokyd vnder cowlys
Knowynge no thynge, contemnynge yet the scolys
All these to touche and sondry vyces mo
It were to sore a charge and payne to do

I wyll nat say that they vse any syn
Yet oft, forsoth they folowe nat the way
Of the relygyon that they haue entred in
Thoughe they the name and, habyte nat denay
Yet of theyr lyfe full harde it is to say
But often at ende it proueth euydent
That vnder floures lurketh the serpent

The wolfe or Foxe is hyd within the skyn
Of the symple shepe pore and innocent
Mekenes without : but pryde is hyd within
The wordes fayre : but fals is theyr intent
No sort by falshode, or wayes fraudelent
May soner disceyue good folke by any way
Than the wyckyd sort of ypocrytis may

Hange vp the scapler: the amys cowle and frocke
Or other habyte of eche relygyon
Vpon a tre clene dede, or rottyn stocke
Suche ar those folys that haue professyon
Leuynge theyr right rule in eche condicion
They bere the habyte the vesture or the wede
And eke the name, without the thynge in dede

And if that one lyue well and vertuously
In way of grace: lyke as he ought to go
The remanent assayle hym with enuy
And hym oppres with greuous payne and wo
Vntyll he folowe lyke as the other do
And leue his way of godly ryghtwysnes
Folowynge theyr lyfe full of all viciousnes

The gode ar good and worthy reuerence
And whan the Shepherde is ware and dylygent
Rulynge hym selfe by vertue and prudence
Than grace and goodnes soner shall augment
Amonge the flocke by example euydent
But if the Shepeherde by foly hurte his name
Moste comonly the flocke shall do the same

Whan that the hede hath no diseas nor payne
Than all the membres greatly the sounder be
But if the hede be seke or sore certayne
Than ouer the body goeth that infyrmyte
But to be playne we dayly here and se
That the comontye, in theyr behauour
Ar suche as is theyr lorde and gouernour

Alas what lewde relygion do they take
Or of what sort is theyr professyon
That of theyr wombes vyle theyr goddes make
As wytles bestis, voyde of discressyon
Thus it appereth that theyr ingressyon
Into relygion is more for welth and eas
Than by harde penaunce, our sauyour to pleas

Thoughe men relygious be countyd in the lawe
As dede and gone out of this lyfe actyue
That saynge surely is scantly worth a strawe
For suche dedys oft tymes they contryue
That it appereth playne that they ar alyue
But as for that : a part it shall be layde
At eche season : trouth ought nat to be sayde

A heuenly lyfe is to be monke or frere
Yet is it nat ynoughe to bere the name
Suche must they be in lyfe as they apere
In outwarde habyte : accordynge to the same
Than sholde none haue occasion them to blame
For certaynly no vertuous man there is
That wyll hym blame that hath nat done amys

For he that is of god without all dout
Wyll be full redy and besy nyght and day
The workes of god almyght to go about
The deuyllys seruaunt kepyth another way
In lust and pleasour walkynge whyle he may
Seruynge his mayster : and yet in euery place
He fayneth vertue outwarde in his face

Of suche a vyle and wretchyd ypocryte
And of his maners playnly as they be
At this conclusion brefly shall I wryte
As it is founde in good auctoryte
Leuynge my auctour for his prolyxite
And to playne speche, and eke to lyberall
For to be drawen in langage maternall

By these poyntis the whiche I shall expres
Those ypocrytis shall openly apere
Whiche outwarde fayne vertue and holynes
In worde and dede : where men may se or here
But whan that they haue brought them selfe arere
And out of syght, and others audyence
They ar moche wors than, other in offence

They outwarde in face present humylyte
As if they were holy and parfyte of lyuynge
Yet wolde they nat of men despysyd be
They fayne them pore : yet wyll they lacke no thynge
Touchynge theyr habyte, vesture or clothynge
They wyll the same in costely maner dresse
Without all care thought, trouble or besynesse

They loke to be fed, well and delycyously
Without labour, therin is no delyte
Some men they flater, but other they enuy
And other some, they cruelly bacbyte
Some men to malyce, by falshode they excyte
As dogges they byte some in playne audyence
For synne : thoughe they commyt the same offence

As Foxis full of falshode and of gyle
By sotelte they all theyr workes gyde
They boldly, other for statelynes reuyle
Yet as proude Lyons, ar they accloyd with pryde
And whyle that they in company abyde
They shewe them outwarde as Lambes innocent
Lyke rauysshynge wolues yet ar they of intent

They wyll be Iuges without auctoryte
And wytnesses without knowlege, or syght
They wyll be Doctours of passynge grauyte
Without processe in stody day, or nyght
And to be short, by Iugement vnright
They oft accuse good men, them to oppres
Theyr selfe yet bare of vertue and goodnes

These ar the tokyns and sygnes euydent
Whiche in ypocrytis men may note and se
Also the religyous sholde be obedyent
And euer perseuer in fayre humylyte
Beynge content with wylfull pouerte
Enclynynge euer with all his dilygence
His chastyte, to kepe by abstynence

But nowe hath entred into relygyon
In stede of mekenes and obedyence
Pryde and disdayne, and fals rebellyon
Yll wyll, enuy, and other lyke offence
Wylfull pouertye, expellyd haue they thence
And all ar gyuen vnto worldly ryches
Whiche they out wast about vnthryftynes

But of theyr chastyte for to be playne
It for to kepe is great diffyculte
Where glotony and dronkenes doth rayne
But where as is abstynence, and scarsyte
It may be kept, and best contynued be
The flesshe agaynst the reason doth rebell
But well is hym that the ardent hete may quell

But these wretchys haue moche gretter hede
Theyr wombe to fede tyll they be full as swyne
As for theyr soule they labour nat to fede
With godly wordes or holsome discyplyne
The greattest part to glotony inclyne
Whiche is the rote of Venus insolence
Nowe Iuge ye where is theyr contynence

By flatery fayre I loke to haue no mede
Theyr lyfe is godly that kepe theyr order true
And of theyr right professyon taketh hede
Passynge theyr lyfe in goodnes and vertue
And that the fendes workes wyll subdue
And eke the Fende, fader of all iniquyte
By sobernes subduynge theyr sensualyte

Here purpose I no farther to procede
Let euery man chose for hym selfe a place
As he shall in this boke ouerse or rede
For hym moste mete : man knoweth best his case
And here shall I by goddes helpe and grace
Drawe all my Nauy, to hauyns for to rest
For fere of wynter stormes and tempest

Wysdome hath gyuen me this commaundement
My wyt is wery : my hande and hede also
Wherfore I gladly with all my herte assent
And lepe a borde, amonge the other mo
But in my iournay : if that I haue mysgo
By bytynge wordes or scarsnes of scyence
I yelde me vnto men of more prudence

It is no meruayle (the trouth playnly to say)
Syth I a mayster without experyence
Of worldly thynges, haue erred from the way
By ignoraunce, or slouthfull neglygence
Let none be wroth for blamynge his offence
For if his lyfe fro synne be pure and clere
No maner hurt is sayde agaynst hym here

Within a myrrour, if thou beholde thy chere
Or shap of face : if thy colour be pure
Within the myrrour to the it shall apere
But if that thou be foule of thy fygure
The glas shall shewe the same I the insure
Yet blame thou nat the myrrour for the same
But thy owne shap thou ought rebuke and blame

The myrrour showys eche man lyke as they be
So doth my boke, for who that is in syn
Shall of his lyfe, the fygure in it se
If he with good aduertence loke therin
But certaynly his reason is but thyn
For his yll lyfe if he my boke despyse
For them I laude that vertue exercyse

Let nat the redar be discontent with this
Nor any blame agayne me to obiect
Thoughe that some wordes be in my boke amys
For though that I my selfe dyd it correct
Yet with some fautis I knowe it is infect
Part by my owne ouersyght and neglygence
And part by the prynters nat perfyte in science

And other some escaped ar and past
For that the Prynters in theyr besynes
Do all theyr workes hedelynge, and in hast
Wherfore if that the redar be wytles
He shall it scorne anone by frowardnes
But if the reder wyse, sad and discrete be
He shall it mende : laynge no faut to me

It is ynoughe if my labour may be sene
Of lernyd men, and theyr mynde to content
For nought is pleasaunt before a Folys iyen
And to be playne it was nat myne intent
At my begynnynge to Folys to assent
Ne pleas theyr myndes by sparynge of theyr vyce
But it to shewe : and that in playnest wyse

Therfore let Folys haue theyr wordes vayne
Whiche nought can do, but without reason chat
All others dedes, by lewde tunge to distayne
And if theyr belyes be full, and chekis fat
Let Clerkes speke, and they haue scorne therat
They knowe no thinge : yet wolde, they fayne haue prayse
And theyr owne dedes onely doth them please

With suche Folys I ende my besynes
Whiche all thynge blame, and vtterly dispyse
Yet all theyr lyfe they passe in ydylnes
Or in theyr bely fedynge in bestely wyse
But this I fynde, that no man can deuyse
A thynge so crafty, so good and excellent
Or yet so sure : that may eche man content

What warke is that : that may eche man content
No worldly thynge : forsoth I trowe the same
Thoughe Virgyll were a poet excellent
Afore all other, shynynge in lawde and fame
Yet some there were whiche dyd his warkes blame
Jerome with other Doctours certaynly
Cowde nat theyr warkes defende well from enuy

Holde me excusyd : for why my wyll is gode
Men to induce vnto vertue and goodnes
I wryte no Iest ne tale of Robyn hode
Nor sawe no sparcles ne sede of vyciousnes
Wyse men loue vertue, wylde people wantones
It longeth nat to my scyence nor cunnynge
For Phylyp the Sparowe the (Dirige) to synge.

[This curious astrological diagram to the year 1503, is prefixed to ten supplementary leaves of verses (not translated by Barclay) in the Latin edition of the Ship, dated August, 1497. It bears this title:—"De Corrupto ordine uiuendi pereũtibus. Inuentio noua. Sebastiani Brant."

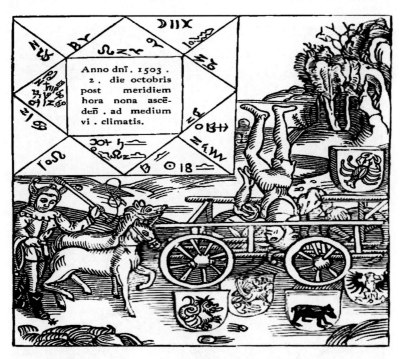

Anno dnĩ. 1503. 2 . die octobris post meridiem hora nona ascē-deñ . ad medium vi . climatis.

The verses that follow are chiefly descriptive of the great empires of antiquity, and among them occur twenty lines entitled "Figura celi, M.CCCCC.III.," in which the conjunction of planets, as pictured in the cut, is predicted to be of evil omen to the German nation.]

A conclusyon of this Boke with a Balade of the translatour in the honoure of the blessyd Virgyn Mary, moder of god.

O Moder mary flour of all womankynde
In beauty passynge eche erthly creature
In whome the Fende no thought of synne coude fynde
O blessyd moder remaynynge Mayden pure
O lemynge lampe in lyght passynge nature
Moste clere Crystall by clene virgynyte
O holy moder, and virgyne most demure
Direct our lyfe in this tempestous se

O well of mercy : o godly graffe of grace
Bryght as the mone, and porte of Paradyse
In whome Chryst Jesu elect his dwellynge place
Chosen as the son, O rose passynge all pryce
Plantyd in Ann without consent of vyce
O noble fruyte sprenge of a barayne tre
Syns to thy son : thou art our medyatryce
Direct our lyfe in this tempestous se

O ceder tre growynge in Lybany
O rod of Jesse, and spouse of Salomon
O well of water lastynge eternally
O gardayne, closyd, o flees of gedeon
O cyte of god, and sempiternall trone
Of god elect for thy humylyte
To the I call : o Lady here my mone
Direct our lyfe, in this tempestous se

O Mary, myrrour clere and immaculate
O tour of Dauyd : with Pynacles without pere
O pleasaunt olyue, with vertue decorate
Pyller of fayth, whyle thou wast lyuynge here

O heuenly starre, of gardyns fountayne clere
O plesaunt Lyly moste goodly in beautye
Compalyd rounde with the sharpe thorne and brere
Direct our lyfe in this tempestous se

Hayle moder of mercy : Hayle myrrour of mekenes
Hayle Quene of blysse : hayle sterre celestyall
Hayle hope of synners, eternall Emperes
Whiche by the fruyt of thy closet virgynall
Mankynde hast wasshyd from synne orygynall
Lowse of our bondes, and make vs synners fre
From paynfull pyt and dongeon infernall
Gydynge our lyfe in this tempestous se

O Quene vs red out, of captyuyte
On the we call, in the our confort is
That by thy prayer to the hye Trinyte
All shall be pardonyd that we haue done amys
Syns thou art in eternall ioy and blys
Our mediatryce : before the deyte
Our hope is sure : that thou wylt neuer mys
Our lyfe to gyde in this tempestous se

O glorious Lady : o Quene most excellent
Howe may I synner thy lawdes comprehende
My synfull mouth is nat suffycyent
Worthy nor able thy goodnes to commende
My wyt ne reason coude nat therto extende
Thoughe euery member of myne were tunges thre
Yet is my trust that thou wylt euer intende
To gyde vs synners in this tempestous se

Syns synners stray here in this se mundayne
In dyuers synnes, by errour and fraylnes
By thy bryghtnes reduce our way agayne
Shewe vs thy lyght to clere our thycke derknes
And to subdue the Prynce of viciousnes
With all his pompes, his pryde and vanyte
And come to heuen by way of rightwysnes
Thou gydynge vs in this tempestous se.

O blessyd Moder, set hye in goddes trone
In ioy and blysse surmountynge mannes mynde
Syns by thy fruyte we saued ar echone
And heuen yatis opened to mankynde
Graunt that we dayly by the may socour fynde
Of soule and body in eche aduersyte
Let thy lyght. Lady. the Fende subdue and blynde
And gyde vs wretches in this tempestous se

Thou art the Sterre, blasynge with bemys bryght
Aboue these worldes wawes so violent
Our synnes darke enclerynge with thy lyght
Mannys mediatryce to god omnypotent
Wherfore to the, o Lady I present
This symple Boke thoughe it vnworthy be
But pore and symple and moche ineloquent
Rudely composyd in this tempestous se

O blessyd virgyn, O resplendaunt lanterne
Defende my Shyp from the malyciousnes
Of fals enuy, withsaue it to gouerne
From stroke of storme: as most holy patrones

My soule and body : to the also Empres
And all my workes I submyt besekynge the
That the foule Fende me neuer may oppres
Whyle I here wander in this tempestous se

And after whan my soule is seperate
From this mortall body, and clot of clay
With thy holy presence, o moder immaculate
From me expell the ougly fende away
O moder of mercy syns thou well may
Thy sonnes presence purchace for me
By thy ayde and socour that I may say
That I haue escapyd this stormy se.

Our Shyp here leuyth the sees brode
By helpe of God almyght and quyetly
At Anker we lye within the rode
But who that lysteth of them to bye
In Flete strete shall them fynde truly
At the George : in Richarde Pynsonnes place
Prynter vnto the Kynges noble grace.
                    Deo gratias.

richard pynlon

GLOSSARY.

C. *refers to Cawood's edition.*

A, II., 50, 13, C , are.
ABHYME, I., 135, 12, abyss.
ABRODE, II., 270, 24, widely dis-
tended.
ABUSION, I., 212, 8, abuse.
ABYDE, I., 284, 2, endured.
ABYE, II., 37, 4, expiate.
ACLOYEST, II., 51, 1, overloadeth.
ACLOYDE, II., 82, 23, overloaded.
ADAMOND, I., 120, 27, C. adamant.
ADUYSE, II , 29, 18, see.
ADUERTENCE, II., 92, 16, attention.
ADUESYTE, II., 133, 12., C. aduer-
sitie.
ALAYD, II., 289, 5, mixed.
ALESTAKE, I., 305, 14, a stake set
up before an alehouse as a sign.
ALL TO, I., 288, 9; II., 139, 15; II.,
139, 17 ; II., 194, 24, entirely,
altogether.
AMYS, II., 324, 1, amice.
ANN, II., 333, 5, Anna the pro-
phetess. *See* Luke, ii. 36.
ANY, II., 292, 2, C. my.
APAYDE, I., 101, 5, satisfied, pleased.
APAYRED, I., 35, 8, impaired.
APOSE, I., 288, 18, oppose.
ARERE, I., 297, 26, backward, be-
hind.
ASSHE, I , 141, 17, and I., 169,
25, C. aske.
ASSYTE, II., 81, 1, cite.
ATONS, I., 104, 13, C. at once.
ATONYS, I., 160, 21, C. at once.
AT TURNEY, II., 50, 27, C. attorney.
ATTYSE, I , 296, 6, entice.
ATTYSERS, II., 163, 25, enticers.
ATTYSYNGE, I., 239, 2, enticing.
AUAUNT, II., 67, 20, boast.

AUAUTAGE, I., 206, 12, C. auantage.
AUAYLE, II., 81, 12, advantage.
AUOUTRY, II., 163, 4, adultery.
AUTERS, I., 221, 20, C. aulters.
AUYCEN, I., 262, 6, Avicenna.
AYENST, II., 255, 28, C. against.

BABYLL, I., 133, 5, bauble.
BAGGES, II., 103, 3, badges.
BAYLYES, I., 64, 1, C. Bayliffes.
BEAWLYS, I., 144, 23, roaring ou
BECKE I., 146, 4, bow, salute.
BEDE MAN, II., 81, 23, one em-
ployed in praying for another.
BENDE, II., 93, 15, C. bande.
BESEKE, II., 112, 8, beseech.
BETERS, I., 296, (title), those who
walk up and down.
BETTER, I., 217, 20, C. bitter.
BEWARE the ende is the leste poynt
of his charge, I., 30, 28, C.
Not viewing the greatest point of
his charge.
BLABERYNGE, I., 144, 23, talking idly.
BLASINGE, I., 36, 19, blazoning.
BLASYNGE I., 240, 10, setting or
spreading forth ; II., 335, 9,
blazing.
BLYNDNES, I., 216, 22, C. blinde.
BOCARDO, I., 144, 20, a term in
logic.
BOCSOME, I., 169, 23, obedient,
BOKEST, II., 177, 18, boke, to vomit.
BOLDLES, II., 172, 25, C. boldnes.
BONDE, II., 189, 8, C. bande.
BOTE, II., 299, 24, help.
BOTH, II., 15, 28, C. before.
BOURDES, I., 7, 8, jokes, jests, games.
BRAST, II., 123, 6, break.

BRASTYTH, II., 264, 6, bursteth.
BRAYNE, II., 166, 7, C. gayne.
BRAWNE, II., 252, 3, (misprint for) brayne.
BRENNYNGE, II., 83, 13, burning.
BRONDES, I., 149, 2, torches, II., 294, 26, C. brandes.
BROUGH, I., 202, 20, C. brought.
BRYBOURS, I., 64, 1. robbers, beggars.
BRYNNYNGE, II., 96, 19, burning.
BURDEWS, I., 128, 15, Bordeaux.
BUSSHES, I., 37, 23, beards.
BYD, II., 106, 3, invited.
BYDE, II., 226, 3, wait.
BYDETH, II., 212, 5, remaineth.
BYDYNGE, II., 311, 12, enduring.
BYTE, I., 302, 5, smart.

CADUKE, II., 250, 9. frail, crazy.
CAME, I. 109, 21, C. come.
CANELL, I., 222, 7, kennel.
CARAGE, II., 173, 21, measure, quality.
CARAKE, II., 306, 7, a large ship.
CARE, II., 292, 13, think about; II., 310, 27, concern.
CAREFULL, II., 94, 4, sorrowful.
CARKE, II., 122, 15, care.
CARTIS, II., 228, 10, chariots.
CARYTH, II., 50, 4, C. careth.
CAST, I., 284, 6, intend, contrive.
CAUSE, I., 202, 11, C. not cause.
CAUTELL, I., 168, 10, Cautele, I., 284, 4, a cunning trick.
CAUTELOUS, I., 49, 5, artfully cautious.
CERSUS, II., 106, 12, C. Crœsus.
CERTAYNE, II., 248, 3, certainly.
CESYLL, II., 25, 4, C. Sicil.
CEUEYT, II., 315, 15, C. couete.
CHAFFAR, II., 219, 6, merchandise.
CHARETTES, II., 228, 10, chariots.
CHARGE, I., 231, 26, trouble.
CHERE, II., 292, 8, countenance; 295, 14, entertainment.
CHRAFTY, I., 185, 2, C. politike.
CLYST, I., 22, 14, Broadclyst, Devonshire.

COMMODYTE, I., 127, 3, complaisance.
COMON, I., 287, 22, C. commen commune.
COMPACE, II., 290, 22, encompass.
COMPALYD II., 333, 23, hedged.
COMPASE, I., 292, 4, circle.
CONFYDENCE, II., 228, 26, C. geue confidence.
COPYNTANKE, I., 38, 13, copatain, a conical hat.
CORNES, I., 170, 1; II., 237, 18, C. corners.
COSTOMER, I., 43, 24, one who collects customs or duties.
COTIS, II., 96, 14, cottages.
COUNTRE, I., 298, 16, encounter.
COURS, II., 10, 2, C. course.
COUERTURE, II., 290, 10, covering
COY, II., 256, 17, quiet.
CRAFTLY, I., 204, 17, C. warely.
CRAFTY, I., 193, 14, C. holsome, skilfully made, I., 199, 1, C. prudent; I., 200, 9, C. prouident; II., 274, 13, skilful.
CRAKARS, I., 12, 16, braggarts.
CRAKE, II., 132, 7, brag or boast.
CRAKYNGE, II., 80, 6, boasting.
CRAUYS, I., 271, 6, C. creuis, the craw-fish or lobster.
CUNNYNGE, I., 261, 25, knowledge.
CURIUS, II., 262, 12, Dentatus Curius, celebrated for his frugality.

DAMNYD, II., 102, 24, condemned to death.
DECKE, I., 38, 12, trimmed; applied to "slut."
DEFYE, II., 52, 4, reject.
DEMAYNE, II., 292, 18, manage.
DEPARTE, II., 181, 11, part.
DERE, I., 227, 19, injure, hurt; injury
DERE, I., 270, 11; II., 55, 16, C. degree.
DESPYTOUS, II., 164, 23, very angry.
DEMYNGE, I., 154, 27, judging.
DEUYSE, I, 74, 18, C. iudise; judge.

DEYNTEOUS, II., 293, 22, full of dainties.

DIFFAMYD, II., 37, 20, of bad fame.

DISCEYFULL, I., 245, 18, C. disceytfull.

DISCEYUABLE, II., 84, 12, deceitful.

DISSYMULED, II., 221, 4, dissembled.

DISTAYNE, II., 101, 25, stain.

DO, II., 82, 4, C. to ; II., 108, 7, (misprint for) to.

DODART, I., 47, 5, an old, infirm, confused person.

DOMAS, I., 20, 12, C. damas.

DOME, I., 150, 15, C. dombe.

DORTOR, I., 294, 21, dormitory.

DOTYSSHE, I., 86, 8, foolish.

DRANYNGE, II., 186, 23, draining.

DREDE, II., 292, 9, fear.

DRENT, I., 90, 5, drowned.

DRES, II., 24, 17, direct.

DRESSE, II., 63, 9, apply ; II., 275, 10, prepare.

DRUYDANS, I., 292, 8, " Druidæ de quibus, Julius Cæsar, in comment." (*Marginal note.*)

DRYUYLS, II., 77, 27, C. driuels.

DYGHT, II., 212, 4, clean.

EARNEST, II., 115, 1., deposit money given to bind a bargain, or on hiring a servant.

EDEFYE, II., 120, 5, build.

EDITYED, I., 6, 9, C. edifyed.

EFT, II., 203, 27, again.

EGALL, II., 293, 3, equal.

EKE, II., 326, 6, also.

ENIOYNGE, I., 54, 3, C. seking.

ENJOYE, I., 151, 4, C. joye.

ENTENDE, II., 87, 23, attend.

ENUYE, II., 279, 9, envy.

ERE, I., 58, 27, C. eare ; plough.

ERCYSE, II., 315, 25, C. exercise.

ESTATE, II., 14, 16, a wealthy person.

EXCHETERS, II., 78, 21, executors.

FACYATE, II., 199, 8, (misprint for) sacyate.

FARO, II., 110, 24, C. Pharao.

FASYNGE, I., 43, 23, C. facing ; bragging.

FATYGATE, II., 119, 17, fatigued.

FELL, II., 169, 16, (misprint for) sell.

FEN, II., 35, 22 ; FENN, I., 157, 11, mud, mire.

FEREFULL, I., 218, 17, full of fear.

FERME, I., 159, 23, rent ; II., 98, 4, farm.

FLEE, II., 199, 24, (misprint for) slee.

FLETE, II., 290, 29, float.

FOLAWES, II., 36, 16, C. felowes.

FORCE, I., 278, 21, care, regard.

FORGE, II., 306, 4, invent.

FORKED CAPPE, II., 279, 22, the mitre.

FOR IT REBUKED, II., 180, 26, C. with great rebuke.

FORS, I., 51, 6, same as Force.

FOROUR, I., 79, 3, C. furour.

FORSYTH, II., 100, 14, C. forceth ; endeavoureth ; II., 163, 22, esteemeth, careth for.

FORTHYNKE, I., 278, 20, grieve, repent.

FOUL, I., 52, 8, C. foole.

FOYSON, I., 11, 5, abundance.

FRAGAUNT, II., 290, 1, fragrant.

FRANTYFE, I., 149, 13, C. frantike.

FRAME, II., 253, 3, to set about a thing.

FYERS, I., 165, 9, C. fierce.

FYNDE, I., 304, 18, supply.

GAFFYS, I., 123, 4, C. graffes ; grafts.

GARDED, I., 36, 19 ; GARDYD, II., 97, 12, girded or surrounded with a hem.

GAYLE, I., 27, 18, jail.

GEASON, II., 10, 12, scarce.

GESTIS, II., 270, 2, gestures.

GET, I., 63, 20, C. jet, " wantonly to goe in and out with the legs," to strut or walk proudly.

GETTERS, I., 146, 28, swaggerers, braggers.

GETTETH, I., 143, 27, C. cometh.
GLOSE, I., 58, 28, comment; II., 51, 16, interpret.
GOD, II., 217, 23, good.
GODE, I., 100, 7, C. goode.
GOODES, I., 234, 7, C. goodnes.
GOOSTLY, II., 161, 13, spiritually.
GORGAYS, II., 289, 1, C. gorgious.
GRAFFYD, II., 240, 8, grafted.
GRE AT, II., 34, 8, C. great.
GREE, I., 155, 11, agree.
GREUAUNCE, II., 262, 4, injury.
GRENNYNGE, II., 130, 16, roaring.
GROTZ, I., 100, 6, C. grotes.
GROUNDE, II., 292, 14, an old musical term for an air on which variations and divisions were to be made. *Nares.*
GRUTCHYNGE, I., 145, 10, grumbling, grudging.
GYDERS, II., 15, 21, straps to draw together the open parts of armour.
GYLEFULL, II., 169, 23, C. wilfull.
GYSE, I., 287, 12, fashion.
GYUYS, I., 184, 23, C. geuen.

HACKYNGE, II., 232, 25, stammering.
HANT, I., 195, 11, follow.
HAP, I., 140, 14, C. chaunce.
HAPHY, II., 252, 12, C. happy.
HAUT, II., 224, 6; II., 287, 13, proud.
HE, I., 16, 7, C. ye.
HEDELYNGE, II., 330, 10., C. speedely.
HELL JUGE THY REWARDE, I., 27, 7, C. hell thy just rewarde.
HERE, I., 177, 12, hair.
HIS, I., 42, 5, C. my; II., 208, 7, C. is.
HONYNGTON, I., 22, 14, Honiton.
HORLE, I., 109, 28, C. whirle.
HOURLYNGE, II., 310, 12, C. hurling; rumbling.
HURTE, I., 141, 24, C. heart.
HURTLYTH, II., 115, 24, closes or clashes together with noise.

INCOUENYENCE, I., 238, 14, C. inconuenyence.
INFACIABLE, II., 227, 11, (misprint for) insaciable.
INFECT, I., 5, 13, infected; I., 126, 8, contagious.
INFECTYFE, II., 161, 16, contagious.
INFEXTYNGE, II., 71, 13, C. infecting.
INTREATABLE, II., 114, 6, not to be entreated; II., 115, 8, C. intollerable.
INURE, II., 291, 19, apply themselves to, serve.
IT, I., 187, 28, C. he.
IYEN, II., 125, 7, eyes.

JAPES, II., 153, 6, jests.
JEOPADOUS, I., 194, 5, C. jeopardous.
JONATHAS, I., 77, 4., 1 Mach. xii. (*marginal note*), general of the Jews, brother to Judas Maccabeus, treacherously seized and put to death by Tryphon.
JOWELL, I., 120, 22, C. jewell.

KEPE, I., 226, 12, care.
KEST, II., 260, 6, C. cast.
KYNDE, II., 240, 22, nature, natural disposition.

LACHESYS, I., 188, 27, Lachesis.
LACKYNGE, II., 264, 14, want.
LAURER, II., 289, 3, laurel.
LEASING, (or Lesynge), I., 196, 12, lie.
LEFE, I., 103, 6, agreeable; II., 118, 22, leave.
LEFTE, I., 188, 27, (misprint for) leste.
LEMMAN, I., 244, 18, mistress.
LEMYNGE, II., 332, 5, shining.
LESE, I., 140, 17, lose.
LESHES, I., 221, 23, thongs or strings by which dogs are led.
LESYNGE, II., 6, 18, lie.
LESYNGYS, I., 53, 3, lies.
LESYTH, II., 115, 22, loseth.
LET, I., 90, 7, hindered: I., 194, 20, leave off.

LETTYD, I., 297, 5, hindered.
LEUER, I., 48, 1, rather.
LEUERAY, II., 271, 28, C. liueray.
LEWDE, I., 52, 5, ignorant, lay, un-
taught, useless. *Later*, vile, base,
wicked.
LEWDNES, I., 127, 5, unlawful-
ness.
LODESMAN, II., 200, 14, pilot,
guide.
LONGYNGE, II., 60, 5, belonging.
LORELLYS, II., 320, 14, worthless
fellows.
LOTHLY, I., 168, 23, loathsome.
LOUT, I., 105, 13; LOUTE, I.,
146, 4, bend, bow.
LOWDE, I., 130, 28, C. lowe.
LOWE, I., 68, 11, C. alowe.
LUSTY, II., 293, 8, pleasant.
LUSTYNES, II., 295, 3, gaiety.
LYCYNUS, I., 139, 9. Licinus, the
extravagant governor of Gaul.
LYGHTLY, I., 68, 21, quickly; II.,
171, 17, commonly, easily.
LYKE, II., 263, 21, please.
LYST, II., 255, 15, please.
LYUYNGE, I., 187, 21, C. leauing.
LUCRES, II., 9, 9, Lucretia.

MADE, I., 248, 21, C. mad.
MAKE, II., 237, 12, companion.
MAWES, II., 89, 1, stomach.
MARS, PRESTIS OF, I., 292, 12, " De
quibus Virgilius, II., Georgi-
corum." *(Marginal note.)*
MAS, II., 132, 13, C. sacrament,
19, eucharist; 28, offering; II.,
133, 3, our Lord.
MASYD, II., 83, 2, stupified.
MATERS, I., 216, 20, C. mates.
MEAN, II., 104, 12, temperate.
MEANES, I., 199, 22, C. no meanes.
MEASE, II., 264, 9, mess.
MEDE, I., 134, 15, reward.
MEKE, II., 164, 15, make meek.
MELL, II., 211, 19, mix.
MEN, II., 45, 18, C. mean.
MERY, I., 188, 18, fair.

MESUES, I., 262, 4, Joannes Mesue;
there were several famous Arabic
physicians of this name.
MESURE, I., 188, 18, moderate; II.,
262, 23, moderation.
METE, I., 155, 16, fitting.
MEWE, I., 222, 6, stable.
MOCHE, I., 112, 26, C. great.
MONYSYON, II., 189, 23, monition.
MORYAGE, I., 248, 23, C. mariage.
MOST, I., 217, 19, C. must.
MOSTE, I., 6, 8, C. more.
MOWES, I., 212, 10, mocks, scorn-
ful grins.
MUNDAYNES, I., 159, 3, worldly.
MYGHT, II., 144, 16, C. night.
MYSCHE, I., 253, 27, C. mischiefe.
MYSE, II., 129, 1, muse.
MYSHAPE, II., 252, 21, mishap.
MYSORDYNAUNCE, II., 285, 22, mis-
order, disorderly proceedings.

NARRYNGE, I., 182, 11, gnarring,
gnarling, snarling.
NAY, II., 282, 4, denial.
NER, II., 9, 10, never.
NILICOLYANS, I., 135, 23, Egyptians.
NONS, I., 154, 27, occasion.
NORTURE, I., 249, 11, nurture, train.
NOTHERS, I., 112, 24, C. an others.
NOY, II., 248, 2, annoy, hurt.
NOYSON, II., 204, 10, C. noysome.

OCCUPY, II., 169, 26, use, trade.
OCCUPYERS, II., 219, 5, tradesmen.
OF, II., 164, 7, (misprint for) at;
II., 195, 11, of (misprint for) all.
OKERERS, II., 166, (title) usurers.
ONE, I., 199, 23, C. no.
ON LYUE, II., 199, 7, alive.
OR, I., 143, 3, C. are.
OR, II., 60, 13, that.
ORDAYNE, II., 57, 1, order.
ORTHLY, I., 231, 11, C. earthly.
OTHERS, II., 132, 21, C. othes.
OUER, II., 77, 24, C. ouercome.
OUERSENE, I., 178, 1, mistaken.
OUR, I., 182, 2, C. your.

PALFRAY, II., 217, 23, palfrey.
PANTER, II., 297, 7, net or snare.
PAPY, II., 184, 1, poppy.
PARAGE, II., 32, 4, parentage, kindred.
PARCYTE, I., 9, 24, smallness.
PARTNES, II., 236, 28, C. partners.
PARTY, II., 97, 12, parti-coloured.
PARYSSHYNGS, I., 160, 20, C. parishoners.
PAYNE, II., 316, 10, labour.
PEAS, II., 3, 8, appease.
PENS, I., 100, 6, C. pence.
PERDURABLE, II., 306, 3, everlasting.
PERTUREAUNCE, II., 285, 27, trouble.
PERYSSHE, II., 255, 12, injure.
PHERYSON, I., 144,20, a term in logic.
PLAGE, II., 24, 23, C. place.
PLAGE, II., 136, (title), afflictive judgment or calamity.
PLAME, II., 290, 17, C. place.
PLEASAUNCE, II., 92, 26, pleasure.
PODALIRIUS, I., 262, 4, Podaleirius, skilled in medicine.
POLLERS, I., 12, 17, robbers.
POMPE, I., 19, 2, poop.
POTELS, II., 92, 6, a measure of two quarts.
POULE, II., 302, 9, Paulus Emilius.
POWLYNGE, I., 64, 3, robbing, cheating.
PRACTYSE, I., 158, 25, artifice.
PRECKYD, II., 308, 21, decorated.
PRECYAN, I., 144, 12, Priscian.
PROUE, II., 316, 21, thrive.
PROUYSICION, I., 121, 23, C. prouision.
PROUERTYE, I., 304, 15, C. pouertie.
PRYMME, I., 250, 1, C. paramour.
PRYUATE, II., 84, 15, deprived.
PURUEAUNCE, II., 285,16, provision.
PYGHT, II., 319, 24, placed.
PYKERS, I., 15, 21, thieves.
PYLLYNGE, I., 254, 11, peeling.

QUAXES, II., 261, 15, C. quates.
QUAYNT, I., 211, 14, acquaint, inform.

QUELL, II., 168, 7, kill.

RAMPYNGE, II., 206, 4, rushing.
RAWKY, II., 261, 4, rawlike.
RAY, I., 35, 16, striped cloth; I., 303, 26, dress.
READ, I., 193, 14, C. rede.
READE, I., 26, 28, counsel, (C.'s reading,) "Take counsayle of learned and expert men before."
REBOKYNGE, II., 261, 12, belching.
RED, II., 307, 18, rid, deprive.
REDE, I., 151, 1, advice.
REDDYTH, II., 102, 10, C. riddeth.
REDUCE, II., 175, 18, bring back.
REFUSE, II., 164, 16, deny.
REMYS, II., 186, 23, remiss.
RENOWE, II., 66, 16, C. renowme.
REPREFE, I., 32, 21, C. repriefe; reproof.
REPUGNYNGE, I., 283, 4, repugnant.
RESPYT, II., 280, 1; RESPYTE, II., 316, 11, respect.
RETED, I., 44, 12; I., 116, 11, C. rooted.
REUYLDE,I.,288,9, revealed; shown.
REWED, II., 241, 24, regretted.
ROWME, II., 212, 24, place.
RODE, II., 309, 15, harbour.
ROTE, II., 293, 7, root.
ROUNDYNGE, I., 221, 4, a kind of dance.
ROUNDYNGES, II., 212, 16, whispers.
ROUSE, I., 91, 14, hedges.
ROUT, II., 224, 2, company.
ROWNE, I., 161, 14, C. rowme.
ROWME, II., 13, 6, place.
ROYALLUE, I., 199, 11, C. realme.
RUTHFULLY, I., 68, 27, C. ruefully.
RYUE, II., 261, 17, split.

SAD, I., 109, 16, serious, sober.
SALUE, II., 87, 18, C. safe.
SAUOUR, II., 139, 1, (misprint for) fauour.
SCAS, II., 103, 8, C. scarce.
SCANT, II., 84, 27, scarce.
SCAPLER, II., 324, 1, scapulary.

Scarsness, II., 97, 22, sparingness.
Sconsyence, I., 136, 15, C. conscience.
Scorsynges, II., 141, (title) exchanges.
Scosyth, I., 159, 25, C. choseth.
Sectours, I., 117, 7, executors.
Seke, II., 111, 8, C. sicke.
Semblaunt, II., 287, 23, appearance.
Semblable, II., 264, 18, like.
Sene, I., 109, 16, learned.
Sentence, II., 109, 7, meaning.
Seruautes, I., 238, 7, C. seruauntes.
Set by, I., 198, 24, treated with consideration.
Shelde, I., 114, 15, shield.
Shent, I., 22, 17, abashed.
Shrape, I., 47, 16; I., 105, 22, C. scrape.
Shyll, II., 162, 20, shrill.
Slake, II., 279, 5, subside.
Sle, I., 198, 9, C. slay.
Slut, I., 38, 12, an apron, (Halliwell.) Used by Barclay as synonymous with Copyntanke.
Smare, II., 217, 7, C. snare.
So, I., 177, 14, C. se.
Soft, II., 314, 3, easily.
Solym, I., 135, 19, Jerusalem.
Some ar that thynke the pleasoure and ioy of theyr lyfe, I. 54, 1., C. Some there are that haue pleasure al their life.
Soppe, II., 263, 15, C. suppe.
Sortes currit, I., 144, 19, a term in logic.
Sote, I., 112, 22, fool.
Sothly, II., 112, 21, truly.
Sparcle, I., 194, 1, spark.
Sreyght, II., 59, 12, C. straight.
Stage, II., 262, 27, position.
Stake, I., 299, 18, alestake, *q.v.*
State, II., 8, 24, personage of high rank.
Stent, I., 31, 12, allotted portion; II., 89, 3, stop.

Stere, I., 291, 4, C. sterne.
Sterue, II., 32, 8, perish.
. Straunges, II., 77, 24, C. strangers.
Strenger, II., 28, (title), C. stronger.
Stryketh, II., 212, 18, stroketh.
Stuys, I., 178, 21, C. And as the open stues they are set on warke.
Stynt, II., 65, 2, stopped.
Subtyll, II., 224, 2, fine.
Suche, I., 208, 2, C. so.
Sueth, I., 183, 6, followeth.
Sulpice, I., 144, 12, Sulpicius.
Superflue, II., 215, 11, superfluous.
Supportyth, II., 230, 14, C. support.
Surmountynge, II., 335, 2, surpassing.
Susters, II., 201, 27, C. sisters.
Suynge, I., 60, 13, C. shewing.
Sweres, II., 128, (title), C. swearers.
Syege, II., 82, 23, seat.
Syllabis, I., 144, 27, C. syllables.
Syse, I., 27, 17, assise.

Tables, II., 131, 22, backgammon.
Tachyd, I., 58, 11, blemished, spotted.
. Tane, II., 87, 1, taken.
Tary, I., 194, 13, delay.
Tays, II., 9, 12, Thais.
Tell, II., 164, 12, C. hell.
Tend, II., 257, 28, attend.
The, I., 183, 24, C. in.; II., 44, 21, (misprint for) they.
Theder, I., 154, 25, thither.
Thee, I., 75, 4, thigh.
Thekt, II., 96, 14, thatched.
They, I., 255, 29, C. thy; II., 276, 14, C. theyr.
Tholomeus, I., 20, 22, C. Ptolomeus.
Thought, II., 121, 16, C. though.
Thye, II., 94, 16; II., 223, 7, thrive.
Thynke, I., 172, 15, C. thinge.

THRYST, II., 7, 16, C. thrift.

TOPPRES, II., 221, 25, C. to oppresse.

TO RENT, I., 302, 16, quite or completely, or all rent—to, an intensive prefix.

TO TORE, I., 305, 4, similar to To rent.

TOUR, II., 291, 12, castle.

TOWLYNGE, I., 64, 1, beating with an oaken stick.

TRACE, II., 276, 25, track, path.

TRAYNE, I., 227, 13, knot; I., 245, 15, deceit; II., 116, 19, stratagem.

TROUGH, I., 245, 4, through.

TRYPHON, I., 77, 5, Tyrian general. *See* Jonathas.

TUYCION, I., 25, 24, C. tuition.

TYDE, I., 304, 17; II., 113, 6, time, season.

UNCHRAFTY, I., 272, 16, C. unwittie.

VANT, II., 185, 24, a winter trap for birds.

VARYABLE, II., 114, 7, 18, different.

VAYLE, II., 24, 14, C. vayne.

VEN, I., 120, 4, C. ben.

VENGEABLE, II., 52, 7, revengeful, cruel.

VERMAYLL, I.. 196, 17, red.

VNETH, II., 315, 24, uneath, uneasily.

VNMERCIABLE, II., 52, 5, merciless.

VNTRETABLE, I., 165, 8, not to be entreated.

VNWARE, I., 177, 19, unaware.

VOLAGE, I., 126, 11, changeful, light, giddy.

VOLOURE, II., 291, 13, C. valour.

VOYDE, II., 86, 4, make empty.

VYLAYNE, II., 323, 10, wicked.

WARE, I., 246, 15, sensible; II., 250, 22, aware.

WAREN, I., 134, 25, cunning.

WARY, I., 305, 12, abuse, curse.

WAWES, I., 206, 26, waves.

WAY, I., 155, 15, away.

WAY, I., 295, 15, C. away.

WAYTE, I., 290, 12, know.

WENE, II., 86, 2, think.

WENYD, I., 138, 27, C. wened; thought, supposed.

WERAY, I., 70, 27, same as Wary.

WERE, II., 162, 6, (misprint for) Nere.

WETE, I., 150, 4, know.

WHAN, II., 293, 12, C. whom.

WODE, I., 116, 10, C. wood; mad, furious.

WOMBE, I., 12, 27, belly.

WORDLY, II., 232, 12, C. worldly.

WORLDLY, I., 287, 28, (misprint for) wordly; C. world.

WORTHELY, I., 247, 7, wrathfully.

WYGHT, II., 318, 5, strong.

WYNTER, I.. 42, 7, C. wynters.

WYTCHES, I., 195, 15, C. wretches.

WYNNYNGE, II., 83, 22, gain.

YATE, II., 203, 22, gate; Scottish, yat, yett.

YCHE, I., 43, 25, I.

YE, I., 138, 1, yea.

YETYTH, II., 211, 27, C. putteth.

YLL, I., 112, 14, C. euill.

YMPORTABLE, I., 139, 23, intolerable.

YORDAN, I., 297, 26, chamber pot.

YOUR, I., 184, 3, C. our.

YOWLYNGE, I., 297, 24, C. howling.

YPOCRAS, I., 262, 7, Hippocrates.

YRESSHE GAME, I., 21, 20, a game similar to backgammon.

YROUS, I., 184, 23, irate.

Chapter I. of the Original Edition, and of the Latin and French Versions of the Ship of Fools.

1.—Chapter I. of the original text of the Ship of Fools, as given in Zarncke's edition.

VON VNNUTZEN BUCHERN.

Den vordantz hat man mir gelan
Dann jch on nutz vil bücher han
Die jch nit lyfz, vnd nyt verstan

Das jch sytz vornan jn dem schyff
Das hat worlich eyn sundren gryff
On vrsach ist das nit gethan
Vff myn libry ich mych verlan
Von büchern hab ich grossen hort
Verstand doch drynn gar wenig wort
Vnd halt sie dennacht jn den eren
Das jch jnn wil der fliegen weren
Wo man von künsten reden dut
Sprich ich, do heym hab jchs fast gut
Do mit losz ich benügen mich
Das ich vil bücher vor mir sych,
Der künig Ptolomeus bstelt
Das er all bücher het der welt
Vnd hyelt das für eyn grossen schatz
Doch hat er nit das recht gesatz
Noch kund dar vsz berichten sich
Ich hab vil bücher ouch des glich
Vnd lys doch gantz wenig dar jnn
Worvmb wolt ich brechen myn synn
Vnd mit der ler mich bkümbren fast

Wer vil studiert, würt ein fantast
Ich mag doch sunst wol sin eyn here
Vnd lonen eym der für mich ler
Ob ich schon hab eyn groben synn
Doch so ich by gelerten bin
So kan ich jta sprechen jo
Des tütschen orden bin ich fro
Dann jch gar wenig kan latin
Ich weysz das vinū heysset win
Gucklus ein gouch, stultus eyn dor
Vnd das ich heysz domne doctor
Die oren sint verborgen mir
Man säh sunst bald eins mullers thier

2.——Chapter I. of Locher's Latin version :——

DE INUTILIBUS LIBRIS.

Inter precipuos pars est mihi reddita stultos
    Prima : rego docili vastaque vela manu.
En ego possideo multos, quos raro libellos
    Perlego : tum lectos negligo : nec sapio.

Primus in excelsa teneo quod naue rudentes
Stultiuagosque sequor comites per flumina vasta :
Non ratione vacat certa : sensuque latenti :
Congestis etenim stultus confido libellis
Spem quoque nec paruam collecta volumina praebent
Calleo nec verbum : nec libri sentio mentem.
Attamen in magno per me seruantur honore :
Pulueris et cariem, plumatis tergo flabellis.
Ast vbi doctrine certamen voluitur : inquam
Aedibus in nostris librorum culta supellex
Eminet : et chartis viuo contentus opertis :
Quas video ignorans : et vano lumine solor.
Constituit quondam diues Ptolomeus : haberet
Vt libros toto quesitos vndique mundo :
Quos grandes rerum thesauros esse putabat :
Non tamen archanelegis documenta tenebat :

Quis sine non poterat vite disponere cursum.
En pariter teneo numerosa volumina, tardus
Pauca lego : viridi contentus tegmine libri.
Cur vellem studio sensus turbare frequenti ?
Aut tam sollicitis animum confundere rebus ?
Qui studet, assiduo motu, fit stultus et amens.
Seu studeam : seu non : dominus tamen esse vocabor
Et possum studio socium disponere nostro :
Qui pro me sapiat : doctasque examinet artes.
At si cum doctis versor : concedere malo :
Omnia : ne cogar fors verba latina profari.
Theutonicos inter balbos sum maximus auctor :
Cum quibus incassum sparguntur verba latina :
O vos doctores : qui grandia nomina fertis :
Respicite antiquos patres : iurisque peritos :
Non in candidulis pensebant dogmata libris :
Arte sed ingenua sitibundum pectus alebant.
Auriculis asini tegitur sed magna caterua.

3.—Chapter I. of the French version of Pierre Riviere, 1497.

DES LIURES INUTILZ.

Le premier fol de la nef suis
Les voiles regis de man main
A liures auoir me deduys
Lesquelz ie ne voy soir ne main
De ceulx que iay leuz faiz dedain
Ou ne les entendz. somme toute
Tel cuyde bien scauoir qui doubte.

Le premier suis en la nauire
Les cordes ie tourne ie vire
Ie suis des compaignons vagans
Ie suis des grans folz nauigans
Sur la mer du monde parfonde
En sens et raison mal me fonde
Et suis bien fol de me fier
Et mon cueur et corps dedier

En la multitude des liures
Combien que aux esperitz deliures
Ne donne pas petit espoir
Iapete tous les iours de veoir
Liures : lesquelz ne puis aprendre
Ne la substance deulx comprendre
Toutesfois bien les contregarde
Et en tout honneur ie les garde
De pouldre et dimmundicite
Car par grant curiosite
Souuent mes poulpitres baloye
La ou de doctrine tournoye
Tous les iours disputacion
Ma maison et ma mansion
Est de liures resplendissante
Desquelz veoir ouuers me contente
Me confortant veoir seulement
Mes grans volumes vainement
Sans en comprendre mot en somme.

Ptolomeus qui fut riche homme
Constitua quon luy serchast
Par le monde et quon luy trouuast
Lesquelz quant ilz furent tous quis
Pour grant tresor les maintenoit
Et toutesfois il ne tenoit
Lenseignement ne la doctrine
De la sapience diuine
Combien que sans celle ne peust
Quelques liures que lors il eust
Riens de la vie disposer
Ne chose de bien composer
Qui luy fust pour lors incolume
Comme leu iay en maint volume
Ou ie regarde bien petit
Et en passe mon appetit
De veoir seullement la verdure
Dont est taincte la couuerture
Car ce seroit a moy folie
De mectre tant mon estudie

Es liures et leurs diuers sens
Que apres ien troublasse mon sens
Car cil qui trop scauoir procure
Et trop es liures met sa cure
En deuient souuent incense
Aussi chacun est dispense
Soit bien lettre scauant ou non
De porter de seigneur le nom.

Item ie puis en mon lieu mectre
Quelcun soit en prose ou en metre
Qui prendra bein la pacience
Daprendre pour nous deux science
Et se pres clercs et litterez
Me voy ie leur concederez
Leur dire soit tart ou matin
Affin de ne parler latin
Et que deulx ne soye repris
De ce que iay si mal apris.

O docteurs qui le nom auez
De scauoir et riens ne scauez
Pour euiter tous vituperes
Contemplez que iadis noz peres
Dont les corps sont mors et periz
Qui furent es droiz si peritz
Leur grant science ne comprindrent
En ces beaulx liures ains laprindrent
Dung bon et desireux courage
Sans auoir lesprit si vollage
Comme les clercs de maintenant
Dont leur est bien appartenant
Porter par choses non pareilles
Des asnes les grandes oreilles

ImTheStory.com

Personalized Classic Books in many genre's

Unique gift for kids, partners, friends, colleagues

Customize:

- Character Names

- Upload your own front/back cover images (optional)

- Inscribe a personal message/dedication on the
  inside page (optional)

Customize many titles Including
- Alice in Wonderland
- Romeo and Juliet
- The Wizard of Oz
- A Christmas Carol
- Dracula
- Dr. Jekyll & Mr. Hyde
- And more...

Lightning Source UK Ltd.
Milton Keynes UK
UKOW030615020513

210068UK00003B/11/P